Allitera Verlag

edition monacensia
Herausgeber: Monacensia
Literaturarchiv und Bibliothek
Dr. Elisabeth Tworek

Emma Haushofer-Merk

Die Lierbachs-Mädeln

Münchner Roman

Text der Erstausgabe

Herausgegeben und mit einem Nachwort versehen von

Ingvild Richardsen

Münchner Stadtbibliothek
Monacensia
Literaturarchiv und Bibliothek

Allitera Verlag

Weitere Informationen über den Verlag und sein Programm unter:
www.allitera.de

Für Renate Haushofer

In herzlicher Verbundenheit und mit großem Dank für die stets kompetente und überaus engagierte Hilfe bei den Recherchen im Haushofer-Privatarchiv. Unsere zahlreichen Gespräche über die Familie Haushofer waren eine große Inspiration.

Juni 2016
Allitera Verlag
Ein Verlag der Buch&media GmbH, München

Umschlaggestaltung und Satz: Johanna Conrad, Augsburg
Umschlagbild: Illustration aus der Zeitschrift »Jugend«, November 1889
Printed in Germany · ISBN 978-3-86906-824-4

Inhalt

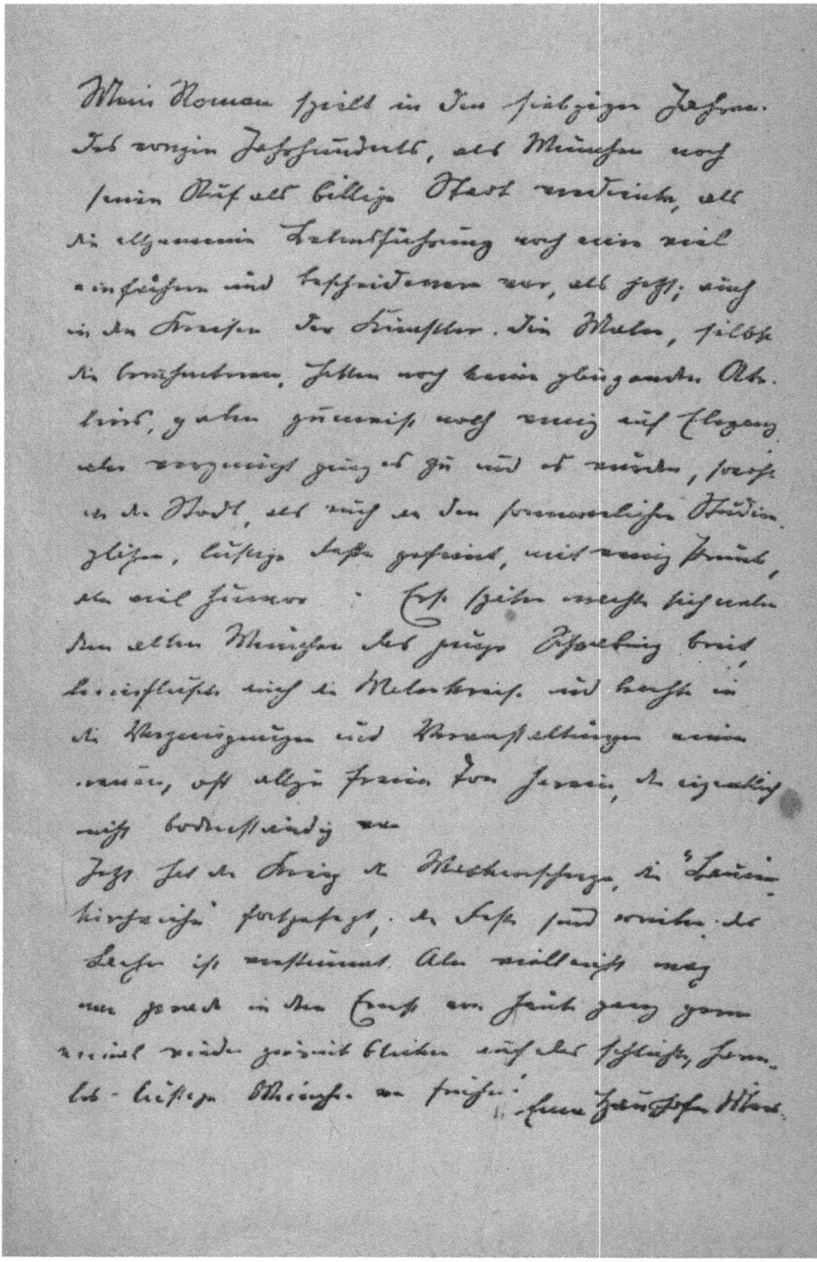

Mein Roman spielt in den siebziger Jahren des vorigen Jahrhunderts, als München noch seinen Ruf als billige Stadt verdiente, als die allgemeine Lebensführung noch eine viel einfachere und bescheidenere war, als jetzt; auch in den Kreisen der Künstler. Die Maler, selbst die berühmtesten, hatten noch keine glänzenden Ateliers, gaben gewiß noch wenig auf Eleganz, aber vergnügt ging es zu und es wurden, sowohl in der Stadt, als auch in den sommerlichen Studienplätzen, lustige Feste gefeiert, mit wenig Prunk, aber viel Humor. Es schien manchen, besonders den alten Münchnern, das junge Schwabing breit hereinflutete auch in die Malerkreise und brachte in die Vergnügungen und Veranstaltungen einen neuen, oft allzu freien Ton herein, der eigentlich nicht bodenständig war.
Jetzt hat der Krieg die Weltanschauung, die "Leichtherzigkeit" fortgefegt; die Feste sind vorüber, der Lacher ist verstummt. Aber vielleicht mag man gerade in dem Ernst der Zeit ganz gerne einmal wieder zurück blicken auf das schlichte, harmlos-lustige München von früher! Emma Haushofer Merk.

Handschriftliches Vorwort von Emma Haushofer-Merk 1917 in ihrem Buch »Die Lierbachs Mädeln«.

Mein Roman spielt in den siebziger Jahren des vorigen Jahrhunderts, als München noch seinen Ruf als billige Stadt verdiente, als die allgemeine Lebensführung noch eine viel einfachere und bescheidenere war als jetzt, auch in den Kreisen der Künstler. Die Maler, selbst die berühmten, hatten noch keine glänzenden Ateliers, gaben zumeist noch wenig auf Elegance, aber vergnügt ging es zu und es wurden, sowohl in der Stadt als auch an sommerlichen Studienplätzen, lustige Feste gefeiert, mit wenig Prunk, aber viel Humor. Erst später machte sich neben dem alten München das junge Schwabing breit, beeinflusste auch die Malerkreise und brachte in die Vergnügungen und Veranstaltungen einen neuen, oft allzu freien Ton herein, der eigentlich nicht bodenständig war. Jetzt hat der Krieg die Maskenscherze, die »Bauernkirchweih« fortgefegt; die Feste sind vorüber, das Lachen ist verstummt. Aber vielleicht mag man im Ernst von heute ganz gern wieder einmal zurückblicken auf das schlichte, harmlos-lustige München von früher.

Die Lierbachs-Mädeln

In dem Atelier war der große »Sonnenbrenner« angezündet und beleuchtete allzu grell die kunterbunte Einrichtung: einen schöngeschnitzten Renaissancesessel neben großen Holzstühlen, auf denen wunderlicher Kram herumlag; einen echten Perser vor dem aus einer Kiste und einer verblichenen Decke angefertigten Ruhebett; einen Ständer mit einem Dachauerkostüm, alten Brokatfetzen, einem Schäferhut mit bunten Seidenbändern; ein paar verstaubte Gipsabgüsse nach Tieren und eine Menge Landschaftsstudien an den Wänden.

Waldemar Falk stand nicht vor der Staffelei. Er hatte sich seinen Spiegel aus dem Schlafzimmer geholt, vor den aufgeklappten Deckel des Farbenkastens gestellt, um sich bequemer beaugapfeln zu können, und malte – an seinem eigenen hübschen, jungen Gesicht. Die Brauen bekamen durch Kohlenstriche einen kühnen Schwung: ein paar dunkle Linien unter den blonden Wimpern hoben die Augen heraus.

Gerade in diesem Augenblick wurde geklopft.

»Donnerwetter!« stieß er ungeduldig hervor. »Wer ist's denn? Modell brauch' ich keins – überhaupt – ich kauf' nichts.«

»Max, Max Schmidt!« sagte draußen eine junge Stimme. »Darf ich auch nicht herein?«

Der Maler stand auf und öffnete. »Du! Ja, das ist was anderes! Wenn du mich einmal besuchst! Aber fast hätt' ich gerufen: Bin nicht zu Haus.«

Max Schmidt lachte, während er den Überrock ablegte und einen Platz für seinen Claquehut suchte. Er hatte eine schlanke, elegante Gestalt, ein etwas ernstes Gesicht mit dunklen Augen und einem kurzgehaltenen braunen Vollbart.

Waldemar blickte überrascht auf den Freund.

»Herrjeh! Im Frack! Unheimlich fein! Was hast du denn vor?«

»Ja, das weiß ich eigentlich selbst nicht. Ich wollte dich fragen, dich abholen. Ich möchte irgend was Unterhaltliches heut abend haben. Einmal wäre ich gerne mit euch Münchnern ›fidel‹ gewesen, ehe ich übermorgen von hier wieder abschiebe.«

»Was! Du willst fort?« rief Falk enttäuscht. »Warum denn? Ich habe doch immer deine schönen ›Van-Dyck-Hände‹ malen wollen. Und jetzt geht der Mensch weg!«

»Ja, mein Lieber! Was soll ich denn hier anfangen? Niemand kennt mich; niemand braucht mich; niemand will von mir was wissen.«

»O Schmerz laß nach! Du scheinst ja in einer hübschen Katerstimmung zu sein! Wie du siehst, bin ich eben im Begriff, mich herrlich herzurichten; für ein Atelierfest bei Lierbachs.«

Er nahm von einem der Holzstühle ein großes Stück schwarzen Stoffes, das am Rande eine Goldborte schmückte.

Mit tiefer Stimme, in feierlichem Pathos begann er, sich in Heldenpose vor dem Freunde aufpflanzend:

»Erlaube mir, mich vorzustellen als der erste Liebhaber der Gesellschaft Thespiskarren.

Du glaubst doch, daß ich der ›Star‹ in der Schmiere sein werde – mit der Figur!«

Er war in der Tat ein schöner Mensch, groß und breitschultrig, mit einem lachenden, hellen Gesicht; ein echter blonder Germane.

Mit stolzen Schritten und drolligen theatralischen Gebärden ging er durch das Atelier und deklamierte, was ihm von Bruchstücken aus klassischen Dramen einfiel:

»Ein Federzug von dieser Hand und neugeboren wird die Erde, Sire! Schenken Sie uns Gedankenfreiheit!«

»Neu erschaffen wird die Erde! Und geben Sie Gedankenfreiheit«, korrigierte Max Schmidt, der sich in dem Renaissancesessel niedergelassen hatte und sich lachend eine Zigarette anzündete.

»Was ihr Maler immer für netten Unsinn ausheckt! Man kann euch wirklich um euern Humor beneiden! Aber mir ist's sehr leid, daß du heute nicht zu haben bist! Allein amüsiere ich mich ja doch nicht.«

»Weißt was! Geh mit zu Lierbachs!« rief Waldemar, sich lebhaft umwendend.

»Was fällt dir ein? Ich kenne die Familie doch gar nicht. Oder ist es nur ein Herrenabend?«

»Herrenabend? Nein! Gott sei Dank! Die Damen – das ist doch die Hauptsache! Eine Schmiere ohne weibliches Personal, das wäre traurig! Aber du mußt dir solch einen Atelierulk nicht vorstellen wie ein steifes Souper bei euch am Rhein! Es geht da höchst gemütlich zu! Man freut sich, wenn noch einer kommt, der lustig mittut und Spaß an der Geschichte hat.«

»Geh, wie soll ich denn? Ich habe ja kein Kostüm und in der Schnelligkeit krieg' ich doch nichts mehr.«

Waldemar dachte nach, mit dem Zeigefinger vor der Stirne.

»Du! Ich hab's! Eine famose Idee!« rief er dann eifrig. »Du bist der Lebemann, der ›Elegant‹ in der Schmiere! Gib acht: in fünf Minuten richte ich dich so fein her, daß du dich wundern wirst!«

In lustiger Eile kramte er in dem Gewirr einer Schublade, aus der er ein Stück roten Atlas hervorzog. Ein rascher Schnitt der Schere, und er schlang es als Band um den Hals des Freundes, steckte daran einen großen goldenen Ballorden, einen andern an die linke Frackseite, puderte das dichte braune Haar, den Bart, machte mit der Kohle ein paar alternde Striche unter die Augen und führte Max dann triumphierend vor den Spiegel, der noch am Farbenkasten lehnte.

»Na! Was sagst jetzt? Schaust du nicht aus wie ein Fürst? Riesig feudal! Mindestens vierundzwanzig Ahnen.«

Max lachte, aber er schüttelte noch immer unschlüssig den Kopf.

»Ich weiß doch gar nicht – es ist doch zu sonderbar, wenn ich so ungeladen mit hereinplatze – und ob ich etwas beitragen kann bei der allgemeinen Lustbarkeit?« Er seufzte.

»Das kommt schon! Bild' dir nur keine Schwachheiten ein! Was fehlt dir denn eigentlich?«

»Was mir fehlt? Ja schau, Waldemar, das läßt sich eigentlich in wenig Worten sagen, in einer Zahl ausdrücken! Mir fehlen so ungefähr hunderttausend Mark!«

»Du bist gut! Hunderttausend Märker! Weiter nichts? Meinst du, die brauchte ich nicht auch sehr notwendig! Donnerwetter, wenn ich sie nur hätt'!« rief der Maler und streckte die Arme aus in heißem Verlangen.

»Für dich wär' das gar kein Glück! Wenn du Geld hättest, dann würdest du gar nicht mehr malen, nur bummeln! Aber ich möchte das Kapital doch für meine Arbeit! Meinst du vielleicht, es sei angenehm, nur auf dem Papiere zu bauen? Hier, in meinem Kopf sind die fertigen Pläne für die herrlichen Paläste und Villen. Aber es läßt sich ja niemand auch nur das kleinste Familienhaus von mir hinsetzen, und ohne Geld kann ich auch nicht zeigen, was ich los hab'. Hier ist nichts zu wollen! Ich muß doch wieder an den Rhein. Dort hat man doch einige Verbindungen. Aber ich wäre so brennend gern in München geblieben.«

Waldemar hörte nicht genau hin. Ihn hatte der Gedanke an die hunderttausend Mark in Ekstase versetzt. Er träumte sich in den Zustand eines Besitzenden hinein und sah reizende Bilder in den Rauchringen, die er aus der Zigarette blies.

»O, ich tät auch nicht faulenzen, Max, wenn ich so reich wär'! Aber weißt du, was mein erstes wär'? Heiraten, heiraten! Himmel, wär' das schön!«

»Also wieder mal verliebt!« meinte Max gelassen. »Der Zustand ist ja nichts Neues bei dir!«

»Ich muß sehr bitten! Das ist was Neues, Niedagewesenes! Du kannst doch nicht behaupten, daß ich jemals vorher Lust zum Heiraten gehabt hätte?«

»Ein Arzt würde sagen: Der Fall scheint demnach ein schwerer und bedenklicher zu sein.«

»Mach keine Witze, Max! Es ist eine ernste Sache. Du wirst das begreifen, wenn du sie heut abend siehst.«

»Wer ist's denn?«

»Die Tochter von meinem Lehrer Lierbach, die ältere, die Trudel!«

»Hoffentlich ist sie die Vernünftigere«, sagte Max gleichgültig, »denn du als Ehemann! – Für mich eine wunderliche Vorstellung!«

»Red' nicht! Wart's ab! Du kennst ja gar keine so netten Mädel wie die zwei Lierbachs. So was Frisches, Natürliches, Unverkünsteltes kann überhaupt nur neben einem Münchner Maleratelier aufwachsen; nur bei einem so prächtigen Vater, wie unser Lehrer ist! Aber es ist Zeit. Ich muß jetzt mein Kostüm noch vervollständigen.«

Er verschwand ins Schlafzimmer und kam nach einer Weile wieder zum Vorschein mit Trikots an den Beinen, einem braunen Wams aus der Ritterzeit und einem alten bayerischen Kürassierhelm.

»So! Nun spiele ich mit meinem Mantel alle Rollen meines Repertoires!« rief er, wieder ganz in übermütiger Karnevalslaune.

Das Atelier des Malers Lierbach lag so ziemlich am Ende der Stadt, hinter dem Siegestor, wo damals – in der Mitte der siebziger Jahre – nur wenige Häuser standen. Der Ruf des Künstlers, der einige Jahre in Paris gelernt und von der dortigen Studienzeit eine neue Auffassung der Landschaft und eine vollendetere Technik mitgebracht, hatte allmählich einen Kreis von Schülern zu ihm herangezogen, die ihn aufrichtig verehrten und es als besonderes Glück betrachteten, wenn er ihnen seine Korrektur angedeihen ließ. Er besaß jenes feine Verständnis, jenen seltenen Takt des Lehrers, der jede Eigenart anerkennt und sich hütet, einem Talent die Ursprünglichkeit der Auffassung zu beschränken. Erfolg, Anerkennung und wachsende Berühmtheit hatten den schlichten Mann nicht zu ändern vermocht. Trotz seines jahrelangen Aufenthaltes in Paris war er ein echter Bayer geblieben, der gerade und offen die Wahrheit heraussagte, der es gar nicht verstand, sich in Szene zu setzen, und dem nichts verhaßter war als Pose und Affektion.

Heute hatte er sich eine »Schlegelhaube« auf das graue Haar gedrückt, wie die bäuerlichen Wirte sie früher trugen, und er schaute mit seinem gutmütigen, breiten Gesicht, mit dem graudurchsprenkelten, kurzen, rötlichen Vollbart, mit der grünen Weste mit den Silberknöpfen so echt aus, daß man wirklich meinen konnte, man habe ihn schon vor einem Dorfgasthause in den bayerischen Bergen stehen sehen. Seine hübsche, etwas in die Breite gegangene Frau, in einem malerisch abgetönten Altmünchner Kostüm, bewillkommte als freundliche Wirtin die Gäste.

»Machen S' nur keine Sprüch'!« brummte Lierbach, als Max sich entschuldigte, daß er es ohne Einladung gewagt habe. »Heut bin ich der Wirt vom ›Lustigen Winkel‹ und wer kommt, ist recht, wenn er nur vorliebnehmen mag.«

Das Vorzimmer des Ateliers war mit Tannenbäumchen und blauweißen Tüchern als eine ländliche Gaststube hergerichtet worden. Im Hintergrunde hatte man ein kleines Podium aufgeschlagen, das von einem grellbunten Vorhang abgeschlossen wurde. In großen Lettern prangte darüber ein Anschlag: Heute Galavorstellung der Gesellschaft Thespiskarren: »Der vergiftete Leberkäs.« Eine grauenhafte Komödie in vier Akten. Waldemar packte den Freund beim Arm und führte ihn in pathetischer Bewegung vor einen untersetzten jungen Mann in einem schäbigen Samtrock, gelben Beinkleidern, einer rosafarbenen Krawatte und einem alten Zylinder, und sprach mit rollendem R:

»Herr Direktor! Es ist mir gelungen, diesen noblen Herrn für unsere Gesellschaft zu gewinnen! Schaut er nicht unheimlich vornehm aus?«

Der Dicke mit dem lustigen, kugelrunden Gesicht flog wie ein Ball auf Max zu und umarmte ihn.

»O, Sie allein haben meiner auserlesenen Truppe noch gefehlt! Seien Sie gegrüßt! Ich engagiere Ihren schönen Frack und Sie mit der höchsten Gage! Dieser Frack allein muß volle Häuser machen, wenn wir in Großhadern und Berg am Laim unser Gastspiel eröffnen! Gestatten Sie, daß ich Sie nun mit den übrigen Sternen des Thespiskarren bekannt mache!«

Wunderliche Namen schlugen an das Ohr des Gastes und Max fand sich schwer zurecht. Er mußte Waldemar leise fragen, wie all diese kostümierten Menschen denn im Zivilleben hießen.

»Also der Direktor unserer Schmiere, das ist der Tiermaler Gröbler, ein urfideles Haus! Und dort der Kleine mit dem ernsten Kopf, der in Schwarz, der heut den Intriganten vorstellt, das ist der liebe, stille Wolf Lüders, auch ein Lierbach-Schüler; die komische Alte mit den zerdrückten Rosen und der nickenden Feder, das ist die Frau des Malers Haubenschmid. Die Naive im Backfischkleid und dem Rosenkränzchen, das ist Anna Volders, eine Freundin der Lierbachs-Mädeln – aber wo bleiben denn die?«

Waldemar flüsterte es in ungeduldiger Erwartung und schaute unverwandt auf den Vorhang, hinter dem offenbar noch gearbeitet wurde.

Und nun kam ein strahlendes, lachendes Geschöpf hereingetanzt in einem spanischen Kostüm. Waldemars entzückte Augen ließen Max keinen Zweifel darüber, daß es Trudel war, die neueste Flamme seines verliebten Freundes.

»Amanda Waldvogel, erste Liebhaberin«, sagte sie lachend, mit einem Knix vor dem Theaterdirektor. Sie schaute mit glänzenden braunen Augen umher, begegnete bewundernden Blicken und rief übermütig:

»Bin ich nicht schön?«

Es klang so lustig und kindlich, daß die Frage gar nichts Lächerliches und Albernes hatte. Sie war wirklich schön. Ein Büschel roter Nelken saß prachtvoll in den üppigen dunklen Haaren; weiß und schlank stand die feine Nase in dem reizenden Oval des Gesichts, und der geblümte Seidenschal war mit viel Geschmack und Anmut um die hohe Gestalt geschlungen.

»Wie ein Bild von Beyschlag schauen Sie aus! Man könnte Sie gleich auf eine Seifenschachtel malen!« neckte ein blonder junger Mensch, der Maler Willibald Kreuzer, der als der »jugendliche Liebhaber« in einem verwaschenen sommerlichen Knabenanzug steckte.

»Sie wären froh, wenn Sie mich malen könnten!« antwortete Trudel schlagfertig. »Aber bei Ihnen langt's ja kaum zu einem toten Hasen!«

Waldemar klatschte lebhaft Beifall, erfreut, daß sie den Kollegen so schneidig abgetrumpft hatte. Kreuzer aber war gar nicht beleidigt, sondern sagte mit einem drolligen Zwinkern auf seinem blassen Bubengesicht: »Das wär' zu gefährlich! Wenn ich Sie malen würde, da müßten Sie sich gewiß in mich verlieben, und das will ich Ihnen gar nicht antun.«

»In diesem Matrosenanzügerl sind Sie auch unwiderstehlich!« lachte Trudel.

»Besonders die krummen Beine kommen so hübsch zur Geltung!« spottete Waldemar boshaft. Er war ein wenig eifersüchtig auf Kreuzer, der gerade, weil er so jungenhaft und harmlos aussah, sich bei den Mädchen allerlei kameradschaftliche Freiheiten herausnahm.

Trudel lachte hell, als Falk sich nun wieder in Theaterpose versetzte und deklamierte: »O Königin, das Leben ist doch schön!«

Max stand recht allein unter den Übermütigen und war nur froh, daß seine Rolle ihm eine gewisse Steifheit auferlegte. Schon bereute er, daß er sich in diese fremde Gesellschaft hatte mitschleppen lassen, denn sein Freund Waldemar bekümmerte sich nun auch nicht mehr um ihn.

Aber dann schlug eine ungemein sympathische Frauenstimme an sein Ohr und er konnte sich Grete Lierbach, der jüngeren Schwester, vorstellen lassen. Sie war heute die Heroine und trug ein recht einfaches, aus zwei weißen Tüchern zusammengestecktes griechisches Kostüm. Der hübsche Nacken, die schön geformten Mädchenarme blühten rosig aus dem Weiß hervor. Auch sie hatte eine hohe, stolze Gestalt, doch sie war nicht so schön wie Trudel. Max aber schien der Ausdruck der grauen Augen, des trotzigen Mundes interessanter. Es lag mehr in diesem Gesicht. Da er ja nur ein stiller Beobachter war, fiel ihm bald auf, mit welch ergebenen Augen der kleine Maler Lüders zu der großen, stattlichen Heroine emporschaute, die ihn mit ihrem königlichen Wuchs weit überragte. Grete, die gegen die anderen jungen Leute ziemlich schroff und zurückhaltend war, eine echte Bajuvarin, behandelte den ernsten jungen Maler in dem schwarzen Intrigantenmantel mit einer vertraulichen, fast mütterlichen Güte, die Max sich erst zu erklären vermochte, als er bemerkte, daß Lüders stark hinkte und verwachsen war.

Es erschien zuerst der Theaterdirektor, zog seinen schäbigen Zylinder ab und erklärte in dem vortrefflich studierten Theaterdeutsch einer kleinen Schmiere: Leider müsse das angekündigte Stück: »Der vergiftete Leberkäs« heute unterbleiben wegen eines hohen Besuchs, der sich angesagt habe, und der es sich zur Ehre anrechne, mit den Mitgliedern der auserlesenen Truppe ein Abendessen einzunehmen.

»Bravo!« riefen die Pseudoschauspieler. »Um so besser!«

Und nach einer Weile tat sich der bunte Vorhang auf und vor einem dunkelblauen Hintergrund erschien auf hohem Postament Grete als Bavaria mit dem Löwen ihr zu Füßen. Das »Kostüm« des Löwen war nur aus einer Felldecke, einem Katzenkopf und einer Mähne aus Hobelspänen hergestellt; aber er kauerte so ergeben vor der weißen Frauengestalt, daß er allgemeinen Applaus erntete. »Famos, Lüders! Kannst so bleiben!«

Bavaria aber, die, ganz in der Haltung des ehernen Standbildes, den Lorbeerkranz in die Höhe hielt, begann nun zu sprechen:

»Langweilig ist's, da oben stehn
Und immer nur heruntersehn
Auf meine gute liebe Stadt,
Die so viel nette Menschen hat.
»Du!« sag ich zu mei'm Löwen heut,
»Wir gehn jetzt einmal unter Leut!
Mich zieht's zu meinen Malern hin.
Weil ich ja die Bavaria bin!
Wir steig'n herunter von der Höh,
Schnurgrad ins Lierbach-Atelier!
Da weiß ich mindestens von Sechsen,
Die fleißig bei dem Lehrer klexen.«

Es folgten nun allerlei Anspielungen, kleine Bosheiten und sanfte Hiebe, die den einzelnen galten und die große Heiterkeit hervorriefen. Max verstand nicht alle Scherze, aber er freute sich von ganzem Herzen über das hübsche Bild, über die lustige, liebe Mädchenstimme, und es war ihm plötzlich, als würde alle verschüttete Lebensfreude wieder in ihm wach, als verstünde er mit einemmal, mit frohem Echo in der eigenen Seele, den Künstlerhumor, die harmlose, kindliche Faschingsheiterkeit, die aus allen Gesichtern lachte, am anziehendsten und mitfortreißendsten aus den grauen, glänzenden Augen der stolzen, blühenden Bavaria.

Als dann die von Grete gezeichneten Tischkarten verteilt wurden und er zu seiner freudigen Überraschung die jüngere Lierbach zum Abendessen führen durfte, kam er sich so recht als Bevorzugter und Begnadeter vor.

In dem großen Atelier war mit Latten- und Tannengrün eine Art Laube hergerichtet worden, in der ein langer Tisch stand, mit grobem Bauernleinen gedeckt und mit Buchskränzen verziert, rote Papierlaternen leuchteten zwischen den Zweigen und gaben einen festlich warmen Ton. In recht vergnügter Stimmung setzte man sich zu dem einfachen Mahl.

»Es gibt nur den ›königlich bayerischen‹ Kalbsbraten!« sagte Lierbach. »Also langt's zu, Kinder.«

Das Bier holten sich die Herren selbst von dem im Vorzimmer bereitstehenden Faß.

Grete bemühte sich anfänglich, ihre Rolle durchzuführen und als Heroine in geschraubter Rede zu sprechen. Aber die Pose entsprach ihrem Wesen so wenig, daß sie bald in ihr natürliches lebhaftes Plaudern verfiel. Ihr süddeutscher Tonfall, die Dialektwendungen, die sie brauchte, hatten für Max einen ganz originellen Reiz.

Er fand es ungemein anziehend, wie der Ausdruck ihrer Züge wechselte. »Es ist merkwürdig, wie oft plötzlich, mitten im Lachen, ein Schatten über Ihre Stirn hinhuscht, als dächten Sie mit einemmal an Trauriges«, sagte er mit liebenswürdiger Neugier und dem fragenden Verlangen, ihr Wesen verstehen zu lernen, das Frauen immer schmeichelt.

»O, dann denke ich wohl an morgen!« erwiderte sie freimütig. »Morgen kommt nämlich sicherlich wieder eine große Katzenjammerstimmung über mich. Seit Wochen hab' ich nun das Atelierfest vor mir gehabt, mich darauf gefreut. Wenn es vorbei ist, dann scheint mir wieder alles so leer! Ich beneide immer die Männer, die nicht so, wie wir, Zeit haben, ein Vergnügen wiederzukauen, die nicht hinterher nur an der Erinnerung Tatzen saugen müssen! Sie haben dann wieder ihre Arbeit – aber wir!«

Max konnte nichts entgegnen, denn eben begann eine Drehorgelmusik, und der dicke Landschaftsmaler Haubenschmid, der seiner Figur nach ein prächtiger Falstaff gewesen wäre, begann eine »Moritat« vorzutragen: »Die verzauberte Malschule«.

Die »schauerlichen« Begebnisse, die er in dem drolligen Leierton absang, waren auf einer Reihe von Bildern dargestellt, die er hinter sich auf einer Staffelei aufgepflanzt hatte und auf die er mit komischer Wichtigkeit hindeutete. Lauter Karikaturen der Lierbachschüler. Da man von allen Seiten nach Grete hindrohte, frug Max voll Bewunderung: »Haben Sie das gemalt?«

Grete lachte. »Ein rechtes Kunstwerk, nicht? Für eine ›Moritat‹ reicht gerade mein Talent.«

Die Drehorgelmusik ging von dem elegischen Schluß, der die letzten Verse begleitete, in einen Walzer über. Alles sprang auf, und man reihte sich an, um im leeren Vorzimmer zu tanzen.

Wenngleich nur eine Drehorgel spielte, der Walzer mit Grete blieb Max in Erinnerung. Das leidenschaftliche Vergnügen, mit dem sie tanzte, riß auch ihn mit fort, und beide erwachten wie aus einer wonnigen Betäubung, als der »Herr Wirt« ihnen zurief: »Abtreten!«

Eine zornige Botschaft des Hausherrn, der sich das Tanzen energisch verbat, machte dem Vergnügen rasch ein Ende. Aber es war schon für Ersatz gesorgt. Ein großer Korb mit Gewinnen, die drollig verpackt waren, kam herein, und es gab eine lustige Verlosung; man machte Spiele mit Preiseverteilung und würfelte noch um den Rest der Geschenke. Mit kindlicher Aufregung und Spannung wurden die Überraschungen ausgewickelt, die Verse, die dabei steckten, gelesen, und die Herren und Damen freuten sich mit rührender Anspruchslosigkeit über die Kleinigkeiten, die ihnen durch das Los zufielen. Grete hatte alles gemalt, gedichtet, geklebt! Max betrachtete das Mädchen mit steigender Bewunderung, aber auch mit leiser Mißbilligung. –

Seine eigene Jugend war ernst gewesen; er hatte sogar als Knabe wenig spielen dürfen. Nun verstand er diese Aufopferung nur für das Vergnügen nicht; konnte sich in einen Feuereifer, der nur Nichtigkeiten galt, nicht hineindenken.

Als dann die mit Blumen geschmückte Bowle auf den Tisch in der Laube gestellt wurde, ward die Stimmung immer lauter und animierter.

Waldemar Falk saß neben Trudel und drückte heimlich unter dem Tisch ihre Hand. Vater Lierbach aber mochte wohl doch sein verliebtes Geflüster gehört haben, denn er stand plötzlich auf und sagte: »So, nun schenk' ich noch einmal die Gläser voll und dann machen wir Schluß für heut, dann geht ihr heim, Kinder! Morgen ist auch wieder ein Tag! Prosit! Es lebe die Kunst!«

Alle erhoben sich und stießen an, und wenn auch die meisten Gesichter Enttäuschung ausdrückten, daß das Fest schon zu Ende sein sollte, es wagte doch niemand einen Widerspruch, denn so gemütlich Lierbach auch mit den Schülern verkehrte, er hielt strenge Disziplin aufrecht, und man fürchtete ihn trotz seiner Gutmütigkeit.

Max gab es förmlich einen Stich durchs Herz bei dem Gedanken, daß er Grete nun Lebewohl sagen sollte. Es war ihm, als hätte er noch so viel Wichtiges mit ihr zu sprechen gehabt. Sein Gesicht leuchtete freudig auf, als die jungen Leute unter sich ein Wiedersehen auf dem Eisplatz am nächsten Vormittag vereinbarten.

»Morgen ist Sonntag. Arbeiten mag man doch nicht! Also gehen wir alle zum Schlittschuhlaufen!« flüsterte Kreuzer, der eben noch mit Trudel eine Mandel geteilt hatte, in der ein doppelter Kern war. »Wir müssen noch unser Vielliebchen ausfechten.«

Waldemar hörte davon nichts, denn er hatte sich Lierbach genähert und bemühte sich, sich bei ihm einzuschmeicheln, was allerdings mehr Trudels Vater als dem Lehrer galt.

Aber Lierbach war kühler gegen ihn als sonst.

* *
*

Ein sonniger Wintermorgen. Auf dem See im Englischen Garten spielte die Musik; das Eis glitzerte und die bereiften Bäume hoben sich lustig vom blauen Himmel ab.

Der Architekt Max Schmidt mußte eine Weile unter den paarweise oder einsam dahinschwirrenden Menschen suchen, bis er Gretes hohe Gestalt entdeckte.

Im ersten Moment erkannte sie ihn gar nicht, weil er nun als junger Mann mit braunem Spitzbart und dunklem Haar vor ihr stand.

Sie trug eine Mütze mit zwei breiten grünen Flügeln. Das nach der damaligen Mode eng um die Hüften gespannte Kleid brachte ihren schönen Wuchs zur Geltung, den langen Rock hatte sie gerafft und ein Gewirr von Falten flatterte bei der raschen Bewegung um sie her. Sie gefiel ihm in der klaren Luft noch besser als am letzten Abend. Der dunkle Stoff hob ihre Farben und die Pelzmütze paßte zu ihrem trotzigen Gesicht mit den schönen dichten Brauen und dem ausdrucksvollen, festgeschlossenen Mund.

»Wie eine Walküre sehen Sie heute aus, gnädiges Fräulein!« sagte er mit unverhohlener Bewunderung.

»Und Sie haben sich auffallend verjüngt seit gestern!« meinte sie lachend.

»Ist der Katzenjammer eingetroffen, den Sie befürchtet haben?« fragte er dann, als sie Hand in Hand dahinglitten.

»Merkwürdigerweise bin ich noch ganz gut gelaunt! Der Morgen ist ja auch so schön!« In ihre Wangen stieg eine rasche Röte, denn sie dachte plötzlich: Habe ich mich seinetwegen so gefreut, auf das Eis zu gehen? Wird die Verstimmung erst kommen, wenn ich heute von ihm Abschied nehmen muß?

Er fühlte ein leises unwilliges Zucken in ihrer Hand, als wollte sie sich von ihm losreißen. Aber er hielt die warme Hand fest, und während sie in schönen Bogen dahinflogen, sagte er traurig:

»Dieser schöne Morgen ist die letzte Freude, die ich in Ihrer lieben Stadt genießen darf. Dieses ersehnte München, von dem ich mir so viel hoffte, hat sich nicht gnädig für mich gezeigt. Alle seine Türen hielt es mir verschlossen. Stellen Sie sich das vor, Fräulein Lierbach, dann fühlen Sie wohl, wie gut Sie es haben, daß Sie hier festen Boden besitzen und kein Ausgestoßener sind wie ich.«

»Wenn ich ein Mann wär', o, dann möchte ich gar nicht immer auf einem Fleck sitzen! Sie haben es ja so gut! Sie können sich Ihr Leben selber schaffen; Ihnen steht die ganze Welt offen.«

»Ich weiß nicht, ob Sie sich das nicht doch leichter vorstellen, als es ist.«

Die Musik setzte wieder ein, und schweigend, ganz dem Vergnügen der Bewegung hingegeben, liefen sie Hand in Hand um die kleine Insel, von deren Bäumen nun in der Sonne der Reif in blitzenden Tropfen sprühte.

»Fräulein Lierbach! Darf ich Ihnen offen gestehen, was ich gestern abend schon, auf dem Heimwege noch und auch heute morgen gedacht habe?«

»Warum nicht? Sie waren wohl recht entsetzt über die Einfachheit unserer Geselligkeit?«

»Aber im Gegenteil! Entzückt war ich! Es wäre jammerschade, wenn es in München je anders würde! Aber ich war allerdings entsetzt, wenn ich diesen Ausdruck wiederholen darf, wie Sie Ihr Talent vergeuden! Sie müssen ja wochenlang gearbeitet haben für die eine

Gesellschaft! Finden Sie nicht, daß Ihre Gäste es gar nicht verdienen, daß Sie ihnen so viel Zeit opfern?«

»Ach was!« sagte sie mit einem Achselzucken. »Meine Zeit ist ja nichts wert! Was sollen wir anders tun? Soll ich Deckerln sticken oder Spitzen häkeln? Das ist auch nicht viel nützlicher und es freut mich weniger.«

»Warum sollte Ihre Zeit nichts wert sein?« fragte er, stehen bleibend. »Sie dürften sie nur nicht vertändeln, vertrödeln! Es ist jammer-, jammerschade um Ihr Talent, wenn Sie Ihre Tage nur lustig totschlagen. Ich würde ja nicht den Mut haben zu dieser Fastenpredigt, verehrtes Fräulein, wenn Sie nicht von der Leere gesprochen hätten, die Sie oft empfinden; Sie fühlen sich nicht wohl bei dieser Existenz! Eine richtige Arbeit, ein rechtes Streben! Das ist's, was Ihnen fehlt.«

Er schaute ihr, während er sprach, mit einem so tiefen Interesse, mit so besorgter Güte in die Augen; es klang eine so warme Verehrung für sie aus dem Ton der Worte, daß sie ihr einen großen Eindruck machten. Sie hatte den Blick gesenkt, drückte den Schlittschuh ins Eis, wiegte sich hin und her und gab ihm dann mit plötzlichem Entschluß die Hand.

»Danke!« sagte sie mit bewegter Stimme: »Ich wollte, es hätte schon früher jemand so zu mir gesprochen! Ein Fremder sieht oft klarer als wir selbst.«

Sie war sehr nachdenklich geworden; eine ernste Falte lag zwischen ihren dichten Brauen, die ihre grauen Augen dunkel erscheinen ließen.

»Verzeihen Sie mir!« sagte er bittend. »Mir, dem Fremden, den Sie so freundlich aufgenommen haben, steht es ja gar nicht zu, über Ihr Leben zu urteilen. Ich wäre auch gewiß nicht so unbescheiden gewesen, wenn Sie mir nicht einen so ungewöhnlichen Eindruck gemacht hätten, wenn ich nicht fühlte: es ist in Ihnen eine Kraft, die sich versprüht, ein Schaffensdrang, der noch nicht den rechten Weg gefunden, eine Begabung, die Sie nicht verkümmern lassen sollten!«

Sie sah ihn mit einem dankbaren Blick an.

»Ich werde diese Stunde nicht vergessen!« sagte sie mit großem Ernst. Er ist der erste Mensch, der wirkliches Interesse an mir hat! dachte sie freudig erregt.

Ihn aber machte es stolz, daß er Einfluß auf sie gewinnen durfte, daß sie wohl noch eine Weile an ihn denken würde.

So fühlten sie sich einander nahegerückt, verbunden durch eine beglückende Sympathie, und es waren schöne, bewegte Augenblicke, als sie nun wieder Hand in Hand in dem herrlichen Mittagssonnenschein, in lauter Licht, in Weiß und Bläue, dahinflogen. Die Musik spielte den Schlittschuhwalzer, und es war ein wonniges Wiegen, ein köstliches Gleiten, ein leichtes Dahintanzen nach der sie umklingenden Melodie, nach dem jubelnden Takt.

Nur Augenblicke. Die übrige Gesellschaft kam ihnen entgegen. Wolf Lüders, der kleine, verwachsene Maler, der, ohne Schlittschuhe, mit dem Stock in der Hand, vorsichtig auf dem Eis dahinschlürfte, warf einen eifersüchtigen Blick auf Max und behauptete grollend, man habe sich an der Restauration um elf Uhr verabredet, aber die Damen seien natürlich nicht zu finden gewesen. Das Ehepaar Haubenschmid, gestern der Polterer und die komische Alte, brummte auch: man könne den jungen Mädchen doch nicht nachlaufen, und es wäre Zeit zum Gabelfrühstück. Endlich erschienen auch Trudel, Falk und Kreuzer auf der Bildfläche. Diese drei waren in etwas gereizter Stimmung.

Willibald Kreuzer, der heute mit seiner Pelzjacke und der Pelzmütze auf dem kecken Bubengesicht ganz erträglich aussah, wenn auch beim Eislauf seine krummen Beine bemerkbar wurden, hatte nämlich Trudel mit »Du« angeredet. Falk fuhr gleich mit heißem Gesicht los:

»Seit wann haben Sie denn die Erlaubnis, den Maskenballton auf das Eis zu verpflanzen?«

»O, wir haben doch gestern ein Vielliebchen miteinander gegessen. Auf du und du. Wer zuerst ›Sie‹ sagt, verliert«, erklärte Trudel, die ihren Spaß daran fand, Falks Eifersucht herauszufordern.

»Ich verlier' nicht!« rief Kreuzer. »Ich finde das ›Du-sagen‹ sehr nett!«

»Er hat überhaupt eine Technik im Gewinnen von Vielliebchen«, meinte Trudel lachend. »Du mußt schon eine Schublade voll Zigarrenetuis und Brieftaschen besitzen, die du uns abgewonnen hast!«

Waldemar Falk aber wollte die Sache nicht scherzhaft nehmen. Er raunte mit finsterem Blick auf Kreuzer Trudel ins Ohr:

»Ich bitte Sie, sagen Sie nicht mehr Du zu ihm!« zischte er. »Ich kann es nicht hören. Ich tue irgend etwas Tolles in meinem Zorn! Ich schlage ihm in das Gassenjungengesicht.«

Sie fand seine Wildheit sehr hübsch. »Aber Herr Falk!« sagte sie mit ihrem strahlenden Lächeln. »Das ist doch wirklich nicht der Mühe wert, daß Sie sich so ereifern. Wer nimmt denn den Willibald Kreuzer ernst? Der ist ja nur ein Hanswurstel! Aber meinetwegen verlier' ich halt das Vielliebchen! Dann ist's gleich gar mit dem Du-sagen.«

Waldemar schaute sie so flehend und dringlich an, daß sie sofort seinen Willen erfüllte. »Herr Kreuzer!« rief sie, »bitte holen Sie mir meine Jacke! Ich glaube, in dem Restaurant ist's wieder kalt.«

Kreuzer jubelte: »Verloren! Verloren! Du hast ›Sie‹ gesagt!«

»Nun bitte ich auch wieder um diese Anrede!« bemerkte Trudel, Waldemar anlächelnd. »Die Wette ist zu Ende.«

»Schade!« sagte Kreuzer gleichmütig. »Also geben Sie mir halt Ihren Garderobezettel. Aber essen Sie nicht alle Bratwürstel auf, bis ich nachkomm'.«

Die ganze Gesellschaft trat nun in die Restauration, was für die Beschlittschuhten ja eine gewisse Schwierigkeit bot.

Bei dem Frühstück, zu dem sich auch Mama Lierbach einfand, die ihre Töchter abholen wollte, herrschte noch ein Nachklang des Festübermuts; nur Grete war ernster als sonst. Paarweise zog man dann in der späten Mittagsstunde heim durch den Englischen Garten; auf einer einsamen Wiese begannen die Maler eine Schneeballenschlacht, und es gab so lautes Schreien und Lachen, daß die vorübergehenden Spießbürger mißbilligend auf die jungen Leute blickten, die sich wie die Kinder herumbalgten.

Lüders ließ Grete nun keinen Augenblick mehr allein mit dem neuen Bekannten, der schon gestern seine Eifersucht wachgerufen hatte. Unentwegt hinkte er neben den beiden her und warf gereizte Bemerkungen in die Unterhaltung. Er kannte Grete gut genug, um zu erraten, daß ein innerliches Erlebnis sie beschäftigte, und die Qual, die er litt, gab seinen Worten einen scharfen Klang.

Dann aber kam ein seliges Aufleuchten in die schönen, traurigen Augen des Verwachsenen, als er hörte, daß Max sich verabschiedete:

»Leben Sie wohl, mein verehrtes Fräulein! Vielen Dank für den schönen Abend, für die liebe Erinnerung an München. Ich wollte, ich dürfte sagen: Auf Wiedersehen!«

Es klang sehr bewegt, und sie fühlten beide, als sie sich die Hand gaben, daß seit gestern ein leises Flüstern des Glücks um sie gewesen war, und daß der holde Klang jählings entzweiriß.

Waldemar Falk und Max Schmidt gingen noch eine Strecke weit zusammen; beide in recht nachdenklicher und bewegter Stimmung.

»Verstehst du nun, daß ich verliebt bin?« fragte Waldemar dann, und sein hübsches blondes Gesicht glühte von der Luft und der inneren Aufregung. »Mußt du nicht zugeben, daß Trudel das schönste Mädchen in München ist? Jetzt wirst du doch begreifen, daß alles Frühere, die paar kleinen Dummheiten, nicht zu vergleichen sind mit dem Gefühl für sie.«

»Ja, ja! Dich hat's!« unterbrach ihn Max. »Begreifen kann ich's wohl! Die beiden Schwestern sind famose Mädels! Aber unrecht find' ich's doch, daß du ihr in dieser auffallenden Weise den Hof machst!«

»Warum unrecht?« fuhr Waldemar zornig auf.

»Ich meine, Menschen wie wir, die nichts sind und nichts haben, dürfen doch eigentlich nicht ans Verloben denken. Glaub' mir, das täten andere auch gern. Aber man sagt sich eben – –«

»Gar nichts sagt man sich, wenn man wirklich verliebt ist!« warf Waldemar leidenschaftlich ein. »Nur ein eiskalter Frosch, der rechnet und überlegt und denkt an Geld. Solch ein Philister bin ich nicht.« »Ich kann mir nicht helfen: ich finde es gewissenlos von dir, daß du ihr den Kopf verdrehst. Du hast doch auch Rücksicht zu nehmen auf deinen Lehrer und Lierbachs haben dich so freundlich in die Familie aufgenommen; es sind so nette Leute, die beiden!«

»Ich brauche deine weisen Ermahnungen nicht!« stieß Waldemar nun heftig hervor, vielleicht gerade, weil er dem Freund nicht ganz unrecht geben konnte. »Ich weiß schon selbst, wie ich mich gegen meinen Lehrer zu verhalten habe.«

Max war auch zu nervös, zu ruhelos, um mit einem freundlichen Wort einzulenken, und so gingen sie in Groll auseinander. Am andern Tage, als Max Schmidt im Eisenbahnzug saß, bereute er es sehr, daß er diese Szene mit Waldemar heraufbeschworen hatte. Er hätte sich doch sagen müssen, daß es nutzlos sei, einem Verliebten Vernunft zu predigen. Vielleicht war er nur so gereizt gewesen, weil es ihn selbst geschmerzt hatte, stumm aus Gretes Nähe verschwinden zu müssen; weil er den Maler beneidete, der bleiben durfte. Nun hatte er selbst das einzige Band entzwei geschnitten, das ihn noch mit München verknüpfte, und jede Möglichkeit verloren, noch von dem Kreis zu hören, in den das Mädchen gehörte, das ihm in wenigen Stunden so lieb geworden war.

* *
*

Jeden Dienstagabend pflegten die Schüler Lierbachs zu einer Kegelpartie zusammenzukommen, an der auch die Damen teilnahmen.

In dem schlichten, kahlen Raum, den nur eine häufig qualmende Petroleumlampe erhellte, hatte man schon sehr lustige Stunden verlebt.

In der Ecke neben dem kleinen eisernen Öfchen flüsterte heute Waldemar Falk aufgeregt mit Trudel. Falk hatte am Sonnabend zwei Landschaften auf den Kunstverein geschickt und das Unerhoffte, das Beseligende war geschehen; schon hatte sich für das Bild vom Starnberger See ein Käufer gefunden, und noch mehr: Der Kritiker der »Neuesten Nachrichten« brachte vier volle Zeilen über Falks Landschaften und sprach in anerkennender Weise von seinem Talent. Wie berauscht trug der Beglückte die Zeitung in der Hand und zeigte sie jedem der Kollegen, der anrückte; sechsmal hatte er die vier Zeilen schon vorgelesen.

In seiner Begeisterung über den ersten doppelten Erfolg war Waldemar überzeugt, daß er nun über den Berg sei und sich zu den »Arrivierten« rechnen dürfe.

Lierbach, der eifrig an der Kegelpartie teilnahm, ahnte nicht, was hinter seinem Rücken geschah, und seine Frau Amalie war abends immer ein bißchen müde und schläfrig und nickte, wenn sie ihr Glas Bier getrunken hatte, meist für ein Viertelstündchen ein. Nur Grete, die heute gar nicht so lebhaft und lustig war wie sonst, schaute ein paarmal erschrocken und ärgerlich auf Trudels erhitzte Wangen und glänzende Augen; sie bemerkte wohl, daß die Schwester für keinen andern mehr einen Blick hatte als für den großen blonden Maler, der immerfort leise mit ihr wisperte. Als sie sich dem Paar am Ofen näherte, hörte sie, entsetzt, ein Bruchstück des Gesprächs:

»Also ich darf den Vater fragen, Schatz?«

Ehe man auseinanderging, sagte Lierbach zu Falk:

»Wenn Sie Zeit haben, so kommen Sie doch in den nächsten Tagen in mein Atelier. Ich möcht' Sie bitten, auf meinem großen Bild die Luft zu untermalen. Ich sitz' nicht gern gar so lange auf der hohen Staffelei oben und möcht' das einem Jüngeren überlassen.«

»Sehr gern, sehr gern!« versicherte Falk. Aber wie er nun seinem Lehrer gegenüberstand und ihm in das liebe, gute Gesicht blickte, da packte ihn plötzlich eine Beklemmung, ein kleinmütiges Verzagen, als könnte er die Bitte, die er auf dem Herzen hatte, niemals herausbringen.

Während er beim Abschied Trudels Hand förmlich zerdrückte, flüsterte er ihr zu: »Ich schreib' deinem Vater! Es ist besser!«

Am Donnerstag morgen rauchte Lierbach sehr behaglich seine Frühstückszigarre und schmunzelte seiner Tochter Grete zu, die sich zu ihm setzte und neben ihm ihren Kaffee trank. Lange sagte sie nichts; endlich faßte sie Mut zu der Frage, die ganz hastig, überstürzt herauskam:

»Papa! Sag', glaubst du nicht, daß ich's in der Kunst zu was bringen könnte?«

Er lachte hell auf. »Was man so ins Haus braucht, das kannst ja schon, Gretel!«

»Das will ich aber nicht! Will nicht diesen kindischen Dilettantismus! Ich möcht' im Ernst was lernen! Warum könnt' ich denn nicht auch Schüler bei dir werden?«

»Warum? Weil ich keine Damenmalschule hab'!« brummte er verächtlich. »Weil du etwas anderes zu tun hast. Hilf deiner Mutter im Hauswesen; lern' ordentlich kochen! Das paßt für dich.«

Grete war gewappnet gegen diesen Widerstand, den sie erwartet hatte. »Die Mama tut ja alles selber. Zu dem bissel, was sie uns überläßt, hätt' ich immer noch Zeit. Es könnt' ja doch sein, daß ich von deinem Talent was geerbt hab', Papa!«

»Talent! Ihr meint immer, man hat ein Talent, und dann setzt man sich hin und das Talent, das malt dann von selber!« murmelte Lierbach, halb lachend, halb ernsthaft. »Wie viel Ausdauer und Geduld dazu gehören, bis man nur einen Baum so auf die Leinwand hinsetzen kann, daß er sich wirklich von der Luft abhebt, davon habt ihr keine Ahnung!«

»Doch, doch! Ich will Geduld haben. Ich will ernstlich studieren«, beteuerte Grete mit heißen Wangen.

»Wie lang' denn? Vierzehn Tag' lang. Bis wieder ein Jux los ist?«

»Nein. Du wirst sehen – – –«

Sie wurde unterbrochen, weil das Dienstmädchen einen Brief hereinbrachte. Gleich darauf kam auch Trudel ins Wohnzimmer mit aufgeregtem Gesicht und angstvollen Augen. Waldemars Brief! Sie war so gespannt, so bang, wie der Vater ihn aufnehmen würde. Sie wollte dabei sein, wenn er ihn öffnete, obwohl ihr das Herz fast hörbar klopfte.

Lierbach ließ sich Zeit. Erst als die Zigarre aufgeraucht war, schnitt er das Kuvert auf und schaute auf die Unterschrift.

»Falk! Ist der verrückt, daß er mir einen vier Seiten langen Brief schreibt, wo er doch heut ins Atelier kommt; vielleicht schon drüben sitzt?«

Sobald er aber einen Blick auf die ersten Zeilen geworfen hatte; sprang er unwillig auf. Trudel erschrak vor dem bösen Blick, den der sonst so gute Vater auf sie warf.

»Das sind ja nette Geschichten! Das ging' mir ab, daß meine Mädeln sich in die Maler verlieben und die Maler in sie! Da kommt mir lieber keiner mehr ins Haus! Solche Dummheiten darfst dir gleich aus dem Kopf schlagen. Meint ihr vielleicht, ich könnt' noch einen zweiten Haushalt mit erhalten? Ich muß für meine alten Tag' sorgen und für meine gute Frau, die sich in ihrem Leben genug geplagt hat und die, wenn ich g'storben bin, wenigstens keine Sorgen haben soll! Aus der Liebschaft wird nichts! Das kannst deinem Courmacher gleich sagen, wenn er nicht die Schneid hat, mich selber z' fragen.«

Die Mädchen saßen beide wie verdonnert da, denn sie erinnerten sich seit der Kinderzeit kaum, daß ihr Vater einmal so zornig geworden war.

An der Tür drehte sich Lierbach noch einmal um und sagte zu Grete: »No, also, wenn dir's wirklich ums Lernen zu tun ist, dann setz' dich halt ins Atelier und zeichne den schönen Spielhahn, den ich g'schossen hab'. Gescheiter wär's immer noch, selber z' malen, als sich mit einem Maler verloben.«

»Dank' schön, Papa! Gleich, gleich fang' ich an!« rief Grete freudig. Trudel gebärdete sich wie eine Verzweifelte, als der Vater draußen war. Sie weinte und schluchzte. Aber Grete zankte heftig auf sie ein.

»Das hätt' ich dir doch gleich sagen können, daß der Papa so was Dummes nicht zugibt. Ich hab' mir schon auf der Kegelbahn gedacht, ob du denn ganz den Verstand verloren hast. Nicht im Traum fiel' es mir ein, mich mit einem Maler zu verloben.«

Trudel hob die nassen Augen und stieß hervor:

»Du bist halt ein Vernunftprotz! Für dich muß wohl ein Millionär kommen, gelt? Ich seh' gar nicht ein, warum der Vater auf einmal so wenig Vertrauen auf Falk hat? Sonst sagt er doch immer, er wär' so talentvoll.«

»Wenn er nicht verbummelt! Das hat er immer beigefügt.«

»Laß mich in Ruh'!« Trudel warf sich mit neuem Schluchzen in die Sofaecke.

Als Grete in das Atelier des Vaters trat, war es da ganz still. Schweigend hockte Falk oben auf einer Leiter und pinselte auf einer großen, für ein Rathaus bestellten Isarlandschaft seines Lehrers an der ersten Untermalung der Luft; Lierbach saß unter ihm und arbeitete an dem Vordergrund, wobei er die Naturstudien, die neben der Staffelei standen, zu Rate zog.

Dem Schüler mochte es heute da oben auf seinem schmalen Sitz begreiflicherweise nicht sehr angenehm zumute sein. Er mußte sich öftere Male den Schweiß von der Stirn wischen, denn die in die Höhe strebende Ofenwärme und seine Aufregung trieben ihm das Blut in den Kopf. Vor Spannung und Ungeduld vermochte er kaum den Pinsel zu führen, und wagte doch nicht herunterzusteigen, solange Lierbach so gelassen unter ihm saß und ganz versunken schien in die Schönheit des Isartals.

Der Vater wies Grete einen Platz an, hing den Vogel, den sie zeichnen sollte, den er erst noch mit freudiger Bewunderung betrachtete, auf ein Brett und gab ihr die Schachtel mit den Kohlenstiften.

»Also! Probier's!« Das war das einzige Wort, das ein paar Stunden lang gesprochen wurde. Grete arbeitete mit wahrer Begeisterung.

Es tat ihr leid, daß Max Schmidt sie nicht sehen, ihren Fleiß nicht beobachten konnte. Würde er sich nicht freuen, daß sie seinen Rat so rasch befolgt, seine Mahnung so gründlich beherzigt hatte?

Gegen Mittag rief die Mutter ungeduldig nach ihr.

»Was fällt euch denn heut ein? Die Trudel ist zu nichts zu brauchen und du kümmerst dich auch nicht um die Hausschneiderin. Du sollst nähen helfen.«

Grete lehnte mit etwas schmollender Miene ihr Reißbrett an die Wand und ging in die Wohnung hinüber.

Nun waren die beiden Maler allein. Lierbach sprach noch immer nichts. Aber da er merkte, daß sein Schüler zerstreut und müßig auf seiner Leiter hockte, sagte er endlich mit trockenem Humor:

»Sie haben mir heut einen komischen Brief geschrieben, lieber Falk!«

Waldemar stieg entrüstet die Leitersprossen herunter und legte Pinsel und Palette weg.

»Herr Lierbach! Diese Auffassung meines Briefes habe ich allerdings nicht erwartet!« rief er mit dunkelrotem Kopf und stellte sich beleidigt vor den Maler hin, der eben prüfend den Vordergrund, an dem er gearbeitet hatte, mit seiner Studie verglich und sich, die Hand wie einen Rahmen vor die Augen haltend, im Stuhl zurücklehnte.

»Seien S' froh, Falk, wenn ich die Sach' scherzhaft aufnehm', wenn ich den Brief für einen tollen Einfall anschau', als Nachklang vom Atelierfest, wo Sie ja den Liebhaber g'spielt haben.«

»Es tut mir leid, wenn Sie mich so mißverstehen!« brach Waldemar leidenschaftlich los. »In meinem Leben war es mir nicht feierlicher und ernsthafter zumut' als in dem Augenblick, da ich Sie um die Hand Ihrer Tochter gebeten habe, und ich meine, eine so große Neigung verdiente wohl auch, daß man sie ernsthaft auffaßt, besonders da ja meine Liebe von Fräulein Trudel erwidert wird!«

Lierbach legte sein Handwerkszeug weg und stand auf.

»Um so schlimmer, wenn Sie mich zu einem anderen Ton zwingen, wenn Sie ohne Humor meine Meinung hören wollen. Um so schlimmer, wenn meine Tochter auch so gedankenlos und unvernünftig ist wie Sie! Sagen Sie mir einmal: Mit was wollen Sie eigentlich heiraten?«

»Ich bekomme von meinen Eltern monatlich zweihundert Mark.«

»Mit denen Sie bis jetzt recht schön allein fertig worden sind, nicht?« unterbrach Lierbach ihn ruhig.

»Herr Lierbach, Sie glauben doch auch an meine Begabung. Ich hatte doch die gute Kritik über meine Bilder und ...«

»Lassen S' mich aus mit dem ›Kunstschwatz‹! Da hab' ich noch nie was drauf geben«, warf Lierbach ernüchternd ein.

Aber Falk rief nur um so selbstbewußter:

»Ich hoffe doch, mit meinen Bildern so viel zu verdienen, daß ich meiner Frau, wenn auch keine glänzende, so doch eine sorglose Existenz bieten kann.«

»So, glauben S'? Also auf die Bilder hin, die Sie noch gar nicht g'malt haben, gründen Sie einen Hausstand! Ja, sehn Sie denn nicht ein, Falk, daß es gewissenlos von mir wär', wenn ich das zugeben tät', g'rad' weil Sie ein begabter Mensch sind?«

Er stand dem jungen Mann in dem klaren Nordlicht des Ateliers gegenüber; sein breites Gesicht mit dem kurzen rötlich-grauen Bart erschien förmlich verklärt durch die Begeisterung, die aus den hellen, blauen Künstleraugen sprühte; sein Ton war nun sehr ernst und eindringlich:

»Gel, Maler wollt ihr werden um jeden Preis! Die Freiheit, die taugt euch! Aber wenn's heißt, Opfer bringen für die Kunst, dann ist's gleich gar mit dem Enthusiasmus! Wenn einer mit sechsundzwanzig Jahr heiraten will, nachher muß er halt Kaufmann werden oder sonst was, wo man rasch vom Fleck kommt, nicht ein Künstler, der seine innerliche Ruh', seine Unabhängigkeit braucht, wenn überhaupt was aus ihm werden soll! Glauben S' vielleicht, ich hätt' mich in Ihrem Alter nicht auch verliebt? Aber ich bin vierzig Jahr alt worden, bis ich's mir hab' zutrauen dürfen, für eine Frau und Kinder zu sorgen. Durchgehungert hab' ich mich ganz anders wie Sie, weil mir eben meine Arbeit das Wichtigste, das Heiligste, weil sie mir die Hauptsach' war, und weil ich mir g'sagt hab': Lernen mußt du, lernen! Alles andere geht dich nichts an!«

»Herr Lierbach!« begann Falk nach einer kleinen Pause, etwas kleinlauter, »ich meine, eine Häuslichkeit wäre doch für einen Maler ein rechter Halt ...«

»Wenn Sie einmal 's tägliche Brot herschaffen müssen – Sie, dann hat der Halt ein anderes G'sicht, als Sie jetzt in Ihrer Verliebtheit meinen! Nein, Falk! Ich müßt' mich vor Ihren Eltern schämen, wenn ich die Verlobung ins Blaue hinein zugäb'! Das Gescheiteste ist, Sie fahren heim! Malen können S' auch in Würzburg ...«

Waldemar stand da mit finsteren Augen und aufeinandergebissenen Lippen, dunkelrot bis in die Stirn vor Empörung.

»Sie schicken mich also fort!« stieß er hervor, nach einer Minute trotzigen Schweigens. »Sie unterschätzen meine Liebe für Ihre Tochter, wenn Sie glauben, daß meine Empfindung sich in Würzburg ändern wird. Das eine darf ich wenigstens noch hoffen, daß Sie mir gestatten, von Fräulein Trudel Abschied zu nehmen.«

»Natürlich!« nickte Lierbach gutmütig. »Ich bin ja doch kein hartherziger Mensch, der gar nicht versteht, wie's zwei junge Leut' zumut' ist, die sich gern haben. Aber wenn man so alt ist wie ich, hat man halt zu oft mit angeschaut, was nach ein paar Jahr aus der Verliebtheit wird. Es vergeht, lieber Falk! Es vergeht! Wenn's vergangen ist, dann kommen S' wieder und zeigen S' mir, was S' g'malt haben, gelt?«

Waldemar machte eine steife Verbeugung und ging hinüber in die Wohnung, wo Trudel schon auf seinen Schritt gelauscht hatte. Sie zog ihn in das Wohnzimmer, das leer war, weil die Mutter sich wie gewöhnlich in der Küche zu schaffen machte. Die beiden Verliebten konnten eine Weile in der Fensternische miteinander flüstern und klagen über die Grausamkeit alter Menschen, die in ihrer Nüchternheit nur immer von Geld und Geld sprachen.

Die Tränen in Trudels schönen Augen, die Küsse, die sie in der heimlichen Ecke tauschten, wirkten viel mächtiger und unwiderstehlicher als die unbequeme Vernunftpredigt des Vaters.

Nach dem Abschied rannte Waldemar in leidenschaftlicher Erregung durch die Straßen, und sein Gemüt war durchaus nicht auf Entsagung und gelassenes Verzichten gestimmt.

So ungemütlich wie in diesen nächsten Tagen war es bei Lierbachs nie gewesen. Frau Amalie war ja eine ausgezeichnete Hausfrau, aber vor lauter häuslichen Beschäftigungen kam sie niemals dazu, sich um das Seelenleben ihrer Töchter zu kümmern. Ein gutes Mittagessen, bei dem es allen vortrefflich schmeckte und eine heitere Stimmung herrschte, das war immer ihr Hauptehrgeiz. Deshalb war sie nun sehr ungehalten, daß Trudel mit ihrem verweinten, traurigen Gesicht dem Vater den Appetit verdarb. Lierbach fühlte sich schwer bedrückt. Das helle Lachen seiner hübschen Tochter fehlte ihm mehr, als er sich eingestehen mochte. Vielleicht machte er sich auch erst jetzt Gedanken, was aus seinen beiden Mädeln werden sollte, ob er klug getan, sie so viel mit den Schülern verkehren zu lassen, ob er nicht in seiner Freude an der Fröhlichkeit der jungen Leute ein zu nachsichtiger Vater gewesen war.

Grete ermunterte er nun selbst zum Zeichnen und lobte ihre Fortschritte. Einer freute sich über die Wendung, die die Dinge genommen hatten: der kleine, verwachsene Wolf Lüders. Seit Falk fort war, durfte er an der großen Isarlandschaft die Luft untermalen und stundenlang im Atelier auf der Leiter oben sitzen. Das war ihm eine Ehre und Auszeichnung; dazu kam noch die ganz besondere Freude, daß er auf diese Weise jeden Vormittag in Gretes Nähe zubringen konnte.

»Nun sind wir ja erst rechte Kameraden, wenn ich auch zu den Schülern des Vaters gehöre, nicht?« meinte sie, ihn freundlich anlächelnd.

»Lieber, guter Kamerad!« sagte er leise. »Ach, Grete, Sie wissen ja gar nicht, was es für mich einsamen Menschen bedeutet, daß ich hier bei Ihnen so ein bißchen zur Familie gehöre! Als Kind bin ich ja immer abseits gestanden. Niemals habe ich mit den anderen herumtollen dürfen. Die gesunden, kraftvollen Buben sind so grausam. Und ich hab' das alles, die Zurücksetzung, die Armseligkeit meiner Erscheinung so schwer empfunden, daß ich schon mit siebzehn Jahren eigentlich lebensmüde war. Ich bin überzeugt, ich hätt' auch lange ein Ende gemacht, wenn mein guter Stern mich nicht zu Ihrem Vater geführt hätte. Hier unter den Malern, in Ihrem Kreis, da habe ich wirklich oft auf Stunden vergessen können, daß ich ein armer Krüppel bin. Da habe ich das Lachen gelernt und die Freude an so viel Schönem, das auch für mich da ist! Und wenn auch immer noch die Stunden der Verzweiflung kommen, es bricht doch immer wieder Sonne durch.«

Mit unverhohlener Bewunderung schaute er zu ihr auf, und leise, tief bewegt, fügte er hinzu:

»Wenn Sie je im Leben einen Freund brauchen, wenn Sie von einem Menschen ein Opfer verlangen müssen, dann bitte, Grete, denken Sie daran, daß Sie über mich kleinen Kerl verfügen dürfen, daß ich mir gar nichts Besseres wünsche –«

Grete bückte sich verlegen auf ihre Zeichnung herab. Sie hatte den armen, lieben Menschen ja wirklich gern; er tat ihr leid, seine Ergebenheit ging ihr zu Herzen; aber sie war sich ganz klar darüber, daß sie ihm niemals mehr als Freundschaft schenken könnte, und bei ihrer Ehrlichkeit hatte sie eine wahre Angst, er könnte sich über ihre Empfindungen täuschen. Sie durften nicht in einen allzu weichen, gefühlvollen Ton hineingeraten. So suchte sie rasch dem Gespräch eine scherzhafte Wendung zu geben und sagte mit einem warmen, guten Lachen und einem freundlichen Blick: »Spitzen Sie mir vorläufig meine Kohlen, Herr Lüders! Das ist auch ein Freundschaftsdienst und die guten Regungen soll man ausnutzen.«

* *
*

Ein paar Tage später saßen Lierbach, Grete und Lüders wieder schweigsam und fleißig im Atelier, als Frau Amalie, die mit der Köchin auf dem Markt gewesen war, noch im Hut hereinkam und ärgerlich fragte: »Wo ist denn die Trudel? Der Frühstückstisch ist noch nicht einmal abgedeckt. Hat sie dir gesagt, daß sie fortgeht, Gretel?«

»Aber nein, Mama! Sie sagt ja überhaupt nichts zu mir!«

Die Schwestern hatten sich, bis vor kurzem, vertraulich nahe gestanden, wenn sie sich auch zuweilen ein wenig zankten. Seit Trudel in ihrem Liebeskummer steckte, betrachtete sie Grete als Feindin und blieb auch ihr gegenüber verschlossen.

Frau Lierbach zog brummend und ungehalten wieder ab; man arbeitete ohne Störung weiter.

Als Grete zur Mittagsstunde in ihr Zimmer trat, erschrak sie so heftig, daß ihr die Knie zitterten. Auf der Seite, die Trudels Bereich war, sah es so merkwürdig leer aus, so verändert! Das fiel ihr auf den ersten Blick auf. Bei näherer Betrachtung bemerkte sie, daß das Waschzeug, daß Kamm und Bürsten nicht mehr an ihrem Platz lagen; die Schubfächer waren gegen allen sonstigen Brauch verschlossen.

Grete mußte sich zusammennehmen, um nicht laut aufzuweinen über diese Entdeckung, die kaum mehr einen Zweifel übrigließ: Trude war fort, abgereist – durchgebrannt! Das junge Mädchen fühlte, daß sich eine schwere Wolke über ihr bisher so sonniges Familienleben heranwälze, und ihre erste Empfindung war Groll über die Schwester und heißes, erschütterndes Mitleid mit dem Vater. Totenblaß war sie, als sie sich im Wohnzimmer zum Essen setzte. Auch Lierbach schaute entsetzt, mit trüben Ahnungen, auf den leeren Stuhl.

Der Nachmittag verging; man zündete die Lampe an. Trudel war nicht heimgekommen.

Lierbach saß wie vernichtet neben dem Ofen und rieb sich in nervöser Unruhe mechanisch die Hände.

»Das hat sie mir antun können! Das hat sie übers Herz gebracht!«

Als seine Frau weinend hereinkam, nickte er ihr mitleidig zu: »Gelt, Amalie! Dafür freut man sich über seine Kinder und bildet sich was ein, wenn so ein Mädel ein nettes Gesichtl hat, damit sie nachher einem fremden Menschen mehr glaubt als dem Vater, der's ihr so gut meint.« Mit einer verzweifelten Gebärde griff er sich an den Kopf: »Ja, für was kriegt man denn graue Haare, für was macht man seine Erfahrungen, wenn man seine Kinder nicht von einem dummen Streich zurückhalten kann?«

Am Morgen kam ein Brief aus Dresden. »Von Trudel!« sagte Grete und gab ihn zitternd dem Vater. Sie fühlte in diesen Tagen der Unruhe, in dieser ersten Familienkatastrophe so recht, wie sie an ihm hing mit allen Fibern ihres Herzens; viel inniger und heißer als an der Mutter.

Lierbach las und lachte bitterlich.

»Lieber Papa! Du hast gemeint, Du könntest über unsere Liebe scherzen. Aber uns ist so ernst zumute, daß wir fest entschlossen sind, zusammen zu sterben, wenn wir nicht miteinander leben dürfen. Trudel.«

»Das ist ja die reinste Erpressung!« brummte der Vater. »Drohen wollen s' mir. Mein Gott, jetzt muß ich froh sein, wenn der Falk sie überhaupt noch heiraten mag; ich müßt' ihn sogar noch schön drum bitten, wenn sie mit ihm durchgebrannt ist, die Gans!«

Die Mutter nahm den kurzen Brief viel tragischer auf. »Um Gottes willen! Telegraphier' doch gleich, daß du deine Einwilligung gibst, Papa! Jeden Tag liest man ja in der Zeitung, daß sich ein verliebtes Paar umgebracht hat!«

»Gar so eilig werden sie's mit dem Umbringen nicht haben«, meinte Lierbach. »Deinetwegen, damit du dich nicht absorgst, telegraphier' in Gottes Namen, was ihr wollt! Von mir kriegen s' schon auch noch einen Brief: Ich werd' schreiben:

›Sterben! Das ist noch der größere Blödsinn! Also tut lieber den kleineren und heiratet euch! Wenn ihr's nicht anders wollt, dann fangt halt an mit der Fretterei. Ich will nur keinen Vorwurf hören, wenn es euch reut.‹«

Er seufzte tief auf und wendete sich dann mit einer müden, traurigen Bewegung an Grete.

»Gelt, nächstes Jahr, da kommst nachher du mit einer verrückten Liebschaft, und ich muß Ja sagen. Du hast es ja jetzt g'sehn, wie man seinen Vater zwingt, wenn er meint, er dürft' der Gescheitere sein.«

»Nein, Papa!« rief Gretel mit lebhafter Beteuerung. »Ich bin nicht wie die Trudel! Ich tu dir das nicht an!«

Sie hing sich mit zärtlicher Regung an seinen Arm, und es war eine feierliche Rührung in ihren Augen, daß er plötzlich fühlte, wie seine Fassung erschüttert wurde und er mit den Tränen kämpfen mußte. Um die Weichheit zu verbergen, brummte er mit erzwungenem Galgenhumor: »No, man muß nichts verreden als das Nasenabbeißen!« und ging rasch in sein Atelier, wo er, rauchend, ohne Arbeitslust, vor der Staffelei saß und seinen Kummer in sich hineinfraß.

* *
*

Fast vier Jahre waren vergangen, seit man in dem kleinen, vertrauten Kreise Trudels Hochzeitstag gefeiert hatte. Für Lierbach freilich ein recht erzwungenes Fest. Aber er hatte nicht gewollt, daß eine ganz stille, sang- und klanglose Trauung noch mehr Gerede verursachte. Zur alten Frohlaune hatte er sich freilich nicht aufzuraffen vermocht. Sein Ernst war wie ein Alp für alle fühlbar gewesen, so daß das feine Hochzeitsessen trotz der guten Weine, die Falks Eltern aus Würzburg schickten, lange nicht so heiter und vergnügt verlief wie die einfachen Atelierabende.

Mit Trudels hellem Lachen schien überhaupt die harmlose Ausgelassenheit, die übermütige Stimmung aus dem Malerhause entschwunden zu sein.

Grete hatte nicht mehr so viel freie Zeit für Feste wie früher; sie war fleißig gewesen, hatte viel gelernt und die ersten Landschaften, die sie ausstellte, auch gleich verkauft. In der großen Freude über das erste selbstverdiente Geld meinte sie wohl, nun würde sie nie wieder anderes wünschen als Erfolg in der Arbeit, und die Kunst könnte ihr ganzes Herz erfüllen. Aber die ehrgeizige Stimmung hielt nicht immer vor; sie war zu jung, zu gesund und kraftvoll, um im Beruf ein Vollgenügen zu finden. Freilich, wenn sie bei der Schwester weilte, dann dachte sie oft mit einem heimlichen mitleidigen Schauder: O, nur keine Malerehe! Waldemar und Trudel liebten sich ja zärtlich; aber sie hatten zwei Kinder und mußten ängstlich sparen, um durchzukommen, wenn Waldemar auch noch so fleißig malte, und immer, wenn ein Bild fertig war, kam die neue Sorge: Wird es auch rasch einen Käufer finden? In der engen Wohnung, in der unruhigen Häuslichkeit der Schwester, wo bald die Kinder krank, bald unartig waren, entweder das kleine Mädel oder der Junge schrie, erschien Grete ihre eigene Freiheit stets köstlich schön. Aber es gab auch Stunden, in denen es sie kränkte, daß sie für alle die jungen Leute, mit denen sie zusammenkam, immer nur der gute Kamerad blieb, dem sie ihre Herzensnöte anvertrauten, der an ihnen Anteil nehmen sollte, ohne daß sie ihnen tieferes Interesse weckte. Neue, auch ältere Schüler gehörten nun zu dem Kreise, der sich auf der Kegelbahn traf; Grete saß unter den Malern, wenn der Vater ein Jagdstilleben stellte; sie zog im Sommer mit ihnen aus auf den Studienplatz. Aber immer war nur der arme Lüders ihr treuer Bewunderer, immer nur die Gnomengestalt, die ihr wie ihr Schatten folgte! War es denn nicht wie Ironie, daß sie mit ihrer Walkürenerscheinung nur von dem kleinen Verwachsenen geliebt wurde? War sie denn nicht schön genug, um zu gefallen! Um zum Weib begehrt zu werden?

Bei Professor Lierbach war in diesen Tagen ein Herr aus Frankfurt angemeldet, der ein größeres Bild von ihm kaufen wollte. Ein Bauunternehmer mit Namen Eschhofen, ein schwer reicher Mann, wie es hieß.

Lierbach nahm die Botschaft recht gleichgültig auf.

»Geh, Papa! Schick den Mann doch zu Waldemar!« bat Grete eifrig.

»Wer weiß, ob er nicht auch ihm etwas abkauft? Er brauchte es doch so notwendig!«

Am Morgen war Trudel ein Viertelstündchen dagewesen und hatte Grete vorgejammert: »Weißt du, Waldemar ist so unvernünftig. Jetzt hat er mir eine wunderbar schöne Seide für ein Kleid gekauft und es gäbe doch so viel Notwendigeres.«

Die schöne, lustige Trudel, die vor einigen Jahren so kindlich in die Welt hineingelacht hatte, sah nun ganz versorgt und vergrämt aus.

»Es ist doch nett von ihm, daß er dich immer noch schön herrichten will«, tröstete Grete die Schwester; aber es ward ihr doch auch ganz bedrückt und beklommen zumute.

Der Vater hatte es Falk nie verziehen, daß er ihm die Einwilligung zu der Heirat abgezwungen hatte. Er runzelte bei Gretes Bitte die Stirn und erklärte:

»Nein! Das tu ich nicht! Einen Geschäftsmann bitten für meinen Schwiegersohn, das kann ich nicht. Damit ich ein Achselzucken als Antwort krieg'. Ich dank' schön!« brummte er.

»Dann sag' ich's ihm!« rief Grete.

»Meinetwegen.«

Herr Eschhofen aus Frankfurt kam bald darauf angefahren. Er war ein untersetzter Mann, Anfang vierzig, Haar und Schnurrbart, einem energischen, aber nicht besonders sympathischem Gesicht; äußerst elegant in seinem grauen Reiseanzug mit grauen Stiefeln und grauen Handschuhen.

Er schien so überrascht, eine hübsche junge Dame vor der Staffelei stehen zu sehen, daß er in den ersten Minuten nur Grete anstarrte, ohne sich weiter um den Professor und seine Bilder zu kümmern.

»Eine Malerin!« sagte er mit einem erstaunten Lächeln, als Grete ihm vorgestellt war. »Das sehe ich zum erstenmal. Das heißt, eine so reizvolle jugendliche Gestalt!«

Während er mit Lierbach verhandelte, der ziemlich wortkarg und kurz angebunden war, warf er immer wieder bewundernde Blicke auf die Tochter und suchte durch witzige Bemerkungen ihre Aufmerksamkeit zu erregen. Um ihr zu imponieren, erzählte er auch von den vielen eleganten Villen, die er zu bauen und einzurichten habe; daß er sich etwas darauf zugute tue, den Geschmack in seiner Vaterstadt zu heben und künstlerisches Verständnis anzubahnen.

»Vielleicht können wir auch einmal ein Geschäft miteinander abschließen?« fragte er, sich wieder nähernd, den Blick aber mehr auf ihren stolzen Wuchs als auf ihr Bild gerichtet.

Grete hielt den Moment für geeignet, um ihr Anliegen vorzubringen.

»Ich bin ja noch Anfängerin, Herr Eschhofen. Aber ich möchte Ihnen empfehlen, die Landschaften und Tierbilder von Waldemar Falk anzusehn. Er hat sehr hübsche Sachen.«

»Wenn Sie das sagen, mein Fräulein – warum nicht? Würden Sie mich in das Atelier hinbegleiten? Mein Wagen steht unten. Ich überlasse mich gern Ihrer Führung.«

Grete fand das eigentlich eine sonderbare Zumutung. Aber sie dachte: Er geht sicher nicht hin, wenn ich ihn nicht beim Wort nehme, und legte rasch Pinsel und Palette weg.

»Ich bin in ein paar Minuten fertig«, sagte sie, da sie bemerkte, daß sein Kauf mit dem Vater abgeschlossen war.

Eben kamen Kreuzer und Lüders, die von dem Mäzen gehört hatten und seinen Wagen unten stehen sahen, wie zufällig ins Atelier. Sie wollten den Mann, von dem die Sage ging, daß er viele Bilder kaufe, doch kennen lernen. Sie verneigten sich sehr tief bei der Vorstellung.

»Bitte, Fräulein Grete! Leihen Sie mir einige Wanzen. Mir sind alle ausgegangen«, sagte Kreuzer.

Grete mußte lachen über den entsetzten Ausdruck, mit dem der Fremde dieses so ungeheuerlich klingende Ansinnen mitanhörte.

»Das hier nämlich«, sagte sie, sich zu Eschhofen wendend, »diese kleinen Reißnägel sind so unappetitlich benannt.«

»Nehmen Sie, so viel Sie brauchen.«

»Ist morgen Kegelbahn trotz des Feiertags?« fragte Lüders, der nur einen Vorwand suchte, um aufzutauchen.

»Ja, gewiß. Aber weil Sie einmal da sind, kratzen Sie mir doch meine Palette ab! Sie sind ein Engel, wenn Sie's tun.«

»Heut haben Sie wieder eine phänomenale Krawatte!« warf sie noch Kreuzer zu, ehe sie forteilte, um Hut und Jacke zu holen.

Eine rechte Bohemewirtschaft! dachte Eschhofen, dem dieser kameradschaftliche Ton ungewohnt war. Es scheint hier sehr frei zuzugehen!

Das Zusammensein im Wagen mit dem prächtig gewachsenen, blühenden Mädchen schien ihm ungemein pikant. Er wickelte Grete in die Decke ein, denn es war kühl, trotz des Maitages, und fand es, der Malerin gegenüber, auch nicht zu keck, wenn er dabei ihre Arme streifte und die Hände schmeichelnd über ihre Schulter gleiten ließ.

Grete rückte mit einem befremdeten Blick in das fernste Winkelchen.

»Ich hätte nicht gedacht, daß ich heute noch so Hübsches erlebe. Eine Spazierfahrt mit einer so anziehenden jungen Dame! Was Sie für wundervolle Brauen haben, Fräulein Lierbach.« Immer näher kam er ihr und suchte auch eine ihrer Hände zu fassen.

Sie richtete sich stolz auf und sagte entrüstet:

»Herr Eschhofen, Sie vergreifen sich vollständig im Ton, den Sie gegen mich anschlagen. Wieso Sie sich zu dieser Vertraulichkeit berechtigt glauben, weiß ich nicht. Ich denke, wir machen einen Besuch in einem Atelier, eine reine Geschäftssache.«

Es stand ihr gut, wenn ihre Wangen sich in der Erregung röteten, ihre grauen Augen dunkel wurden und sie den Kopf hoch auf dem Nacken trug. Wie eine streitbare Amazone sah sie aus, stolz und unnahbar.

»Verzeihen Sie, mein Fräulein«, sagte er sofort beschämt. »Sie müssen es mir zugut halten, daß ich wirklich nicht so recht wußte, wie man sich mit einer jungen Malerin zu benehmen hat. Ich erwähnte ja schon, daß ich noch nie Gelegenheit gehabt habe, eine Künstlerin kennen zu lernen, und es heißt doch immer, daß in diesen Münchner Malerkreisen sehr freie Anschauungen herrschen. Man will doch auch nicht altmodisch oder rückständig wirken.«

»Allerdings eine merkwürdige Auffassung, wenn Sie glaubten, ich verlangte diese so wenig schmeichelhafte Galanterie«, gab Grete mit einem kurzen Lachen und zornig aufblitzenden Augen zurück.

»Ich kann zu meiner Verteidigung nur noch sagen, daß mir die Intimität der jungen Herren mit Ihnen aufgefallen ist. Sie nennen Sie ›Fräulein Grete‹, mit dem Taufnamen! Das würde man bei uns nie gestatten.«

»Darin kann ich keine Keckheit sehen, Herr Eschhofen. Wir waren zwei Schwestern. Und das ist doch nur eine harmlose Vertraulichkeit, die wir hier in München ganz gebräuchlich finden, wenn man sich gut kennt. Deswegen würde doch keiner meiner Kollegen es wagen, mich mit einer Zudringlichkeit zu beleidigen«, sagte sie in lebhafter Abwehr.

Sie war froh, daß der Wagen nun hielt und sie, ihrem Begleiter voran, die vier Treppen zu dem Atelier ihres Schwagers hinaufeilen konnte. Eschhofen hatte nun sein Benehmen vollständig geändert und war so korrekt und ehrerbietig, als sie es nur fordern konnte. Um seinen Mißgriff gutzumachen, zeigte er sich gegen Falk sehr liebenswürdig und suchte auch nicht die Preise herabzudrücken, was er ohne Gretes Gegenwart sicher getan haben würde, da der junge Maler zu deutlich merken ließ, wie gern er ein Bild verkaufen wollte.

»Ich nehme die Landschaft, zu der Sie mir raten, Fräulein Lierbach«, sagte er mit höflicher Ergebenheit.

Sie deutete auf eine Heuernte an einem Gewittertag, die ihr sehr gut gefiel, und Eschhofen zog auch sofort die fünf Hundertmarkscheine aus der Tasche und legte sie auf den Tisch.

Waldemar rief, begeistert von dem unerwarteten Geld, nach Trudel; er umarmte seine Schwägerin, tanzte mit seiner Frau im Atelier herum:

»Heut nachmittag machen wir einen Ausflug! So ein Glück muß gefeiert werden. Soll ich einen Wagen bestellen?«

»Aber geh, Waldemar!« zankte seine Frau entsetzt. »Wozu denn? Wir können doch auch mit der Bahn fahren! Sei doch nicht so verschwenderisch.«

»Hör', Schatz! Einen Philister machst du nie aus mir. Weißt du, ein Künstler muß auch mal ins Blaue hinein leben, sonst vertrocknet er! Also Bahn, meinetwegen; aber dann wird in Starnberg eine Maibowle getrunken!«

Trudel lachte; aber der ängstliche Zug wich nicht von ihrem Gesicht.

Als Grete, vergnügt vom lustigen Wandern in der kühlen, blühenden Mailandschaft, am Abend zurückkehrte, fand sie einen Strauß wundervoller weißer Rosen vor mit einer Karte: »In tiefster Verehrung Emil Eschhofen.« – – –

Ein paar Tage später erschien Eschhofen wieder im Atelier.

Er brachte wieder Blumen und war so elegant, daß Grete in ihrer Malschürze ordentlich verlegen wurde. »Mein Vater ist nicht hier! Er hat im Glaspalast zu tun!« sagte sie.

»O, mein verehrtes Fräulein! Ich wollte eigentlich auch Sie aufsuchen, möchte mir nun doch auch Ihre Bilder ansehen.«

»Sehr schmeichelhaft«, lachte Grete. »Ich habe Ihnen auch noch nicht für die prachtvollen Rosen gedankt«, sagte sie, während sie den neuen Strauß ins Wasser stellte.

»Sie sollten für mich um Verzeihung bitten«, bemerkte er mit einer galanten Verbeugung. »Was würde ich nicht tun, um mein Benehmen vom ersten Tage vergessen zu machen!«

Er schaute mit unverhohlener Bewunderung auf ihre hohe, königliche Gestalt, die auch die Malschürze nicht verdecken konnte, und gab sich alle Mühe, sich von seiner liebenswürdigsten Seite zu zeigen.

»Darf ich Ihnen ein wenig beim Malen zuschauen?« bat er. »Aber Sie sollen sich gar nicht stören lassen! Ich sitze ganz still hier auf dem Schemel.«

»Wenn Ihnen das Spaß macht, Herr Eschhofen.« Sie zeigte ihm dann ihre Landschaften, die er sehr bewunderte, und sie plauderten über die Gegend, in der sie sich ihr Motiv geholt hatte: Ein Stück Fernsicht von einem Hügel in Abendstimmung.

»Waren Sie einmal im Gebirge, Herr Eschhofen?« fragte sie. »Waren Sie einmal droben auf einem Gipfel beim Sonnenuntergang oder in der ersten Morgenfrühe? Das ist das Schönste, was ich noch erlebt habe!«

Er lächelte mitleidig über ihre bescheidenen Ansprüche.

»Wirklich? Na, ich muß sagen – ich stelle mir den Lebensgenuß ein klein bißchen anders vor! In der Schweiz bin ich allerdings mal auf einen Berg hinaufgefahren.«

»O, das ist nicht das Richtige!« rief sie eifrig. »Mühen muß man sich, steigen auf schwierigem Weg, um dann diese selige Daseinslust zu empfinden.«

Es lag ein solcher Glanz der Freude auf ihrem Gesicht, daß er ganz erregt sagte: »Mit Ihnen würde ich's wohl wagen! Wenn Sie Führerin wären!«

Sie lachte hell. »O, ich möchte Sie sehn auf einer Sennhütte! Wie müßten Sie sich auf einer Alm entsetzen! Den Kaffee aus einer irdenen Schüssel und den Schmarren aus der Pfanne! Sie müßten sich schon einen Diener mitnehmen, der Ihnen einen Speisekorb nachträgt –«

»Könnte man ja machen!« meinte er. »Ich glaube, eine Flasche Pommery würde auf solchem Gipfel auch nicht schlecht schmecken.«

»Das brauchen wir nicht, um wie berauscht zu sein! Ich glaube, ich habe überhaupt nur ein einziges Mal Champagner getrunken, aber lustig war ich schon sehr oft!« sagte Grete.

»Wie anspruchslos und einfach Sie hier sind«, bemerkte Eschhofen mit einer gewissen Herablassung, die das junge Mädchen sofort zu der Herausforderung reizte:

»Hier in München unter den Malern hat man eben noch Humor, und den können Sie sich mit Ihrem Geld nicht kaufen!«

»Das ist ja tatsächlich das Reizende: Dieses Gemisch von Schlichtheit und Genialität«, sagte er anerkennend, und leiser fügte er hinzu: »Ein Naturkind und eine Künstlerin! So sind auch Sie. – Sie glauben gar nicht, wie Ihr Münchner Leben mir gefällt!« fuhr er fort, da sie verlegen, schwieg. »Wie diese Anregung mir wohltut! Sehen Sie, Fräulein Lierbach, ich bin ein einsamer Mann, seit ich vor fünf Jahren meine Frau verloren habe. Geschäft, immer nur Geschäft! Sie ist ja auch immer zart und kränklich gewesen. Da konnte man wenig vom Leben genießen. In Ihrer Nähe wird man wieder jung und fröhlich; da fühlt man erst, wie viel Schönes einem Junggesellen fehlt.«

Er sah sie bei diesen Worten so warm und zärtlich an, daß eine plötzliche Angst, ein Unbehagen sie erfaßte, als trete da Neues, Unerwartetes an sie heran, als wollten diese werbenden Männeraugen einen Konflikt für sie heraufbeschwören; ein fremder Wille sie losreißen von ihrem Boden.

Nie, nie! klang's in klarer Erkenntnis wie aus der Tiefe ihrer Seele herauf.

* *
*

Eine Woche später. Grete hatte eine rechte Katzenjammerstimmung. Mit mißvergnügtem Gesicht saß sie vor ihrer Staffelei.

Neben ihr stand die Kiste, die sie von der Jury der Ausstellung zurückbekommen hatte. Zwei »Krebse«, und doch hatten die Kollegen gerade diese Bilder gelobt, auch der Vater war nicht dagegen gewesen, daß sie sie einschickte. Die unerwartete Niederlage schmerzte wie ein Schlag, der erst wieder verwimmern mußte.

Sie ärgerte sich auch, daß der Maler Steinhof, ein Hamburger, mit dem sie sich auf der Kegelbahn recht gut unterhalten hatte, sie bei einem kleinen Waldfeste am vorherigen Tage ganz links liegen ließ und nur mit einer eleganten jungen Frau tanzte. Kreuzer schwärmte wieder von einer entzückenden Dame, mit der er sich nächstens verloben wolle. Lüders war niedergeschlagen; Trudel jammerte, daß ihr Waldemar seit ein paar Tagen wieder bummelte, und seufzte über den teuren Haushalt.

Immer dasselbe! Das ewig Gleiche. Sie hatte es so satt, nur zuzuhören, nur teilzunehmen an den Plänen und Sorgen der anderen. Sie wollte selbst leben! Fort wollte sie! Heraus aus dem allen!

Erst hatte sie gar keine Lust gehabt, der feierlichen Eröffnung der Kunstausstellung im Glaspalaste beizuwohnen. Aber da heute die Arbeit sie auch nicht lockte, zog sie sich doch so schön wie möglich an, um den Vater zu begleiten.

Als nach ein paar Ansprachen an den königlichen Prinzen, der die Ausstellung eröffnete, der Festakt vorüber war und nun die geladenen Gäste sich durch die Säle bewegen durften, erfaßte Grete vor dieser Fülle von Bildern erst recht ein jämmerliches Gefühl des Verzagens, eine trostlose Niedergeschlagenheit. Wie viel Arbeit, wie viel Können, wie viel Talent war in diesen Räumen aufgestapelt; wie viele Hoffnungen und Erwartungen knüpften sich an solches Ausstellungsbild, mit welcher Spannung wurde die Entscheidung der Jury erwartet, und wie gleichgültig, wie kritisch gingen nun die Menschen vorüber! Und die Mehrzahl auch dieser Auserwählten kam doch wieder als »Krebs« zurück und konnte im Atelier im Winkel stehen oder wieder abgekratzt werden, wenn nicht ein Kunsthändler sich erbarmte.

Ihr eigenes Ringen erschien ihr so aussichtslos diesem Massenangebot gegenüber. Sollte sie ihr ganzes Leben lang nur immer warten auf den Erfolg, der vielleicht niemals kam, nur immer malen und malen, noch mehr Bilder auf den Markt werfen, der ohnehin schon überbesetzt war?

»Warum ein so finsteres Gesicht, gnädiges Fräulein?« fragte Eschhofen, der im schwarzen Anzug, mit dem Zylinder in der Hand, auf sie zukam. »Ihr Herr Papa geht an der Seite des Prinzen durch die Säle!« berichtete er voll Anerkennung und schien kaum zu begreifen, daß sie trübselig vor sich hinsann, während ihrem Vater solche Ehrung widerfuhr.

Jedenfalls machte ihm diese Auszeichnung des Professors großen Eindruck und er schlug einen noch höflicheren und ergebeneren Ton gegen die Tochter an als sonst.

»Eine Bitte, mein verehrtes Fräulein! Geben Sie mir einen guten Rat. Ich hätte gar nicht übel Lust, ein paar Bilder zu kaufen; auch von weniger bekannten Künstlern.« Er erzählte mit leisem Prahlen von den vielen Bauten, die er für reiche Leute zu machen habe von seinen großartigen Aufträgen.

»Ein ganzes Zeichenbureau arbeitet für mich. Eben ist mein Kompagnon in Rußland, wo er verschiedene Bauten zu leiten hat; von da muß er nach Amerika; aber das Geschäftliche, das ruht natürlich ganz auf meinen Schultern, denn er ist wohl ein ganz geschickter Architekt, aber sonst ein unbedeutender Mensch«, renommierte Eschhofen mit deutlich erkennbarer Absicht, seine glänzenden Verhältnisse zu schildern.

Grete war es eine freudige Sensation, einmal mit einem Mann durch die Ausstellung zu gehen, der Bilder kaufte. Bisher hatte sie immer nur unter Leuten gelebt, die malten und brennend gern einen Abnehmer gehabt hätten. Und Eschhofen schien wirklich auf ihr Urteil was zu geben. Er notierte sich die Nummern der Bilder, die sie ihm empfahl. Natürlich führte sie ihn vor die Landschaften ihrer Bekannten, vor allem vor Lüders' »Sommermorgen«, den sie ihm lebhaft anpries.

»Ist diese Stimmung nicht fein getroffen! Der zarte Duft! Wie diese Berge gemacht sind!«

»Der Maler kann sich für Ihr Lob bedanken. Er ist wohl einer Ihrer Verehrer?« fragte Eschhofen ein wenig gereizt.

»Ein guter Freund«, sagte sie, »der als Stiefkind der Natur wohl verdiente, daß die Kunst ihm gnädig wäre.«

»Sie meinen den kleinen, verwachsenen Maler, den ich bei Ihnen traf?« sagte er mit wieder aufgeheitertem Gesicht. »Ein junger Mensch, der wohl keine großen Preise machen wird?« fügte er als guter Geschäftsmann hinzu.

»Das können Sie im Sekretariat hören, Herr Eschhofen. Ich will Ihnen nur zeigen, was mir gefällt.«

»Wofür ich Ihnen von Herzen dankbar bin. Ihrem Geschmack möchte ich unbedingt vertrauen. Ich kaufe gern, was Sie mir raten.«

Er merkte wohl, daß er das Rechte gefunden, um sich in ihre Gunst zu setzen, daß der Gedanke, als Kunstverständige betrachtet zu werden, und ihre Freunde beschützen, vielleicht durch einen Ankauf beglücken zu dürfen, sie elektrisierte.

Sie sah so vergnügt aus, daß er plötzlich mit ganz zärtlichem Tone sagte: »Solch ein selbstloses, gutes Wesen sind Sie! Immer denken Sie nur an die anderen! Glauben Sie doch nicht, daß nur ein einziger dieser Herren Maler sich selbst in den Schatten stellte, wie Sie es tun! Wahrhaftig, Sie müßten schon jemand an der Seite haben, der Ihre Interessen besser zu wahren wüßte, als Sie selbst es tun!«

Sie ward dunkelrot, denn nach der ganzen Art, wie er zu ihr sprach, wie er sie anblickte, lag ja in diesen Worten schon eine Werbung; aber kein jähes Erschrecken packte sie mehr, oder sie lauschte nicht mehr auf das warnende Widerstreben ihres Herzens.

War es nicht merkwürdig, daß er genau das sagte, was sie in den letzten Tagen selbst so oft gedacht hatte? Lag darin nicht doch ein feines Verständnis für ihr Wesen?

Ach, schon sah sie Eschhofen nicht mehr mit völliger Unbefangenheit, sah ihn in dem günstigen Licht, in dem ein werbender, bewundernder Mann vor einer Frau steht. Die süßeste Schmeichelei, das Bewußtsein: Du hast Macht über ihn, trübte ihren Blick. Sie war ihm dankbar, daß er ihr Selbstvertrauen hob, daß er ihr das freudige Gefühl ihrer Jugend und Schönheit gab.

Im Sturm setzte er seinen Angriff fort, nachdem er einmal an ihrer sanfteren, weicheren Stimmung merkte, daß er Terrain gewann. Er kam oft ins Atelier; er klagte über die Leere in seinem großen Hause, das keine Herrin mehr hatte; er betonte, daß er ein armer reicher Mann sei, ohne Frau, ohne Kinder, und zeigte ihr so leidenschaftlich sein Begehren, daß auch ihre Ruhe erschüttert wurde. Sie wollte ja geliebt werden.

Lierbach schaute seine Tochter mit großen, verwunderten Augen an, als Emil Eschhofen bei ihm um ihre Hand anhielt, mit der lächelnden Zuversicht, daß der Vater wohl gegen ihn als Freier nichts einzuwenden haben würde. Gretes Jawort habe er schon.

»Ja, dann kann ich freilich auch nicht nein sagen!« murmelte er und gab Eschhofen die Hand ohne besondere Freude.

Als er dann mit Grete allein war, schüttelte er traurig den Kopf.

»Du mußt wissen, was du tust! Aber der Trudel ihre Verlobung war ganz dumm und deine ist gar zu vernünftig. Ich versteh' das auch nicht.«

Vor dem Moment, da Lüders ihre Verlobung erfahren mußte, war es Grete bang. Er hatte wohl mit seinem eifersüchtigen Scharfblick schon seit Tagen geahnt, was nun kommen würde. Stumm, mit blassem Gesicht ging er herum und vermied jedes Zusammensein mit dem jungen Mädchen. Einmal aber, als sie sich doch allein im Atelier trafen, redete Grete selbst ihn an:

»Soll unsere gute, alte Freundschaft ganz in die Brüche gehen, Lüders?«

»Wenn Ihnen noch an meiner Freundschaft liegt, Grete – ich bin der Alte! Ach, was liegt denn überhaupt an mir? Mein Leben ist nun mal verpatzt von Anfang an, und ob es heute gar wird oder morgen, das ist ganz gleich. Aber Sie! Sie! So ein Sonnenkind! Ich meine, ein wirkliches Glück, das hätt' ich Ihnen gegönnt, denn daß Sie mich nicht lieb haben können, das hab' ich ja immer gewußt. Aber wenn Sie nun allem untreu werden, der Heimat, der Kunst, sich selber – – das tut weh! Das hat mich irre an Ihnen gemacht.«

»Seien Sie ehrlich, Lüders! Sie hätten gewollt, daß ich immer im Atelier da bleiben und eine alte Jungfer werden soll! Eine grauhaarige Malerin, um die sich dann kein Mensch mehr kümmert!«

Sie wollte ihn anlächeln, aber vor diesem hingebenden, leidvollen Blick, dem sie begegnete, erstarb jeder Versuch, zu scherzen, und plötzlich kamen ihr heiße Tränen in die Augen, als sie ihm die Hand drückte. Seit Eschhofen abgereist war, fragte sie sich manchmal mit einem plötzlichen Erschrecken: Wie kam das nur alles? Wie hatte ich den Mut, mich von diesem Leben losreißen zu wollen, in dem ich so fest Wurzel gefaßt habe?

Die Lierbach-Schüler fanden, daß sie es Grete schuldig seien, einen recht lustigen Polterabend für sie zu veranstalten, und es war ein origineller Einfall, diese Feier etwas früher zu legen, ehe der Bräutigam noch da war, damit man gemütlich unter sich wäre.

So wurde denn wieder einmal das große Atelier geschmückt, der Professor half selbst mit, und man saß zum letzten Male in dem alten Kreis zusammen. Gröbner sang seine komischen Lieder und Schnadahüpfln zur Gitarre, jeder von den Malern hatte ein kleines Bildchen für die liebe junge Kollegin mitgebracht, das er ihr in launiger Weise überreichte. Grete fühlte mit einem Zerren und Brennen am Herzen, wie sie sie doch alle lieb hatten, und in aller Lustigkeit ergriff sie ein schweres Abschiedsweh.

An einem schwülen Julitag war die Trauung, und das jungvermählte Paar reiste fort in die Schweiz.

Als der Zug in die Sommernacht fortgebraust war, nahm Lierbach, der seiner Tochter noch das Geleit gegeben hatte, den Arm seiner Frau in den seinen und sagte traurig: »Also jetzt sind wir zwei Alten halt wieder allein!« Er mochte gar nicht eingestehen, wie hart es ihm wurde, Grete, die auch ihm ein lieber Kamerad gewesen war, hergeben zu müssen.

Schon auf der Hochzeitsreise hatte Grete zuweilen lachend zu ihrem Manne gesagt: »Du bist ja ein Tyrann!« Noch war's die liebenswürdige, heitere Tyrannei der Flitterwochen, die etwas so Reizvolles, Beglückendes hat für eine junge Frau.

Als sie dann in ihr neues Heim eingezogen waren, klang schon leise Angst, eilte erste Beklemmung durch du Worte: »Du willst mich ja tyrannisieren, Emil!«

»Ja, liebes Kind! So viel Freiheit wie als Malerin kannst du hier freilich nicht beanspruchen«, meinte er wohl, und da er bemerkte, daß sie unwillig die Stirne zusammenzog, fügte er rasch hinzu:

»Schatz, bedenk' doch! Jetzt bist du mein eigen! Du mußt begreifen, daß ich über jeden deiner Schritte wachen möchte, daß ich dich ganz für mich haben will.«

Die Briefe, die sie von zu Hause bekam, sollte sie ihn lesen lassen. Und vor allem, jedes Stück ihrer Toilette, jeden Hut, jede Bluse, jede Krawatte mußte sie erst seiner hohen Kritik unterwerfen. Er zeigte eine geradezu feindselige Abneigung gegen ihren »künstlerischen Geschmack«.

»Nur das nicht! Das geht hier nicht! Du bist nicht unter den Malern! Nur keine Eigenart!«

Sie fügte sich, aber sie schaute sich oft ganz entsetzt im Spiegel an.

»Schau ich fad aus!« rief sie einmal, als sie ein neues Kleid mit einer nach der damaligen Mode in feste Falten gerafften Tunique anhatte.

»Als wär' ich vom Tapezierer angezogen!« Sie schnitt sich selbst eine höhnische Grimasse, als sie das winzige Kapotthütchen aufsetzte.

Andere junge Frauen bringen ihre eigenen Möbel mit, geben ihrem Heim ein persönliches Gepräge. Aber sie dachte: Ich bin eigentlich zu Herrn Eschhofen gezogen. In ein fertiges Haus, in ein schon im Gang befindliches Hauswesen.

Sie erkannte erst jetzt, wie einfach und bescheiden sie in München gelebt hatten. Der Komfort und Luxus eines im großen Stil geführten Haushalts war ihr vollständig neu, und sie mußte eigentlich erst lernen, wie ihre drei Dienstboten alles anordneten, ohne an der schon einmal bestehenden Gewohnheit viel ändern zu können.

So fand sie es sehr überflüssig und bedrückend, daß bei ihren Mahlzeiten, auch wenn sie nur zu zweit waren, das Stubenmädchen wie ein Automat neben dem Büfett stehen mußte, um die Speisen zu servieren. Das Mittagessen war oft ihr einziges Zusammensein am Tage, und doch störte die Anwesenheit der Bedienung jedes Gespräch. Wenn Emil sein schlechtes Französisch zum besten gab, mußte Grete lachen. Aber er hielt auf den Brauch. Es geschah in allen besseren Familien. Es schien ihm vornehm, daß serviert wurde.

Sie waren erst wenige Monate verheiratet, als ein an sich ganz unbedeutender Zwischenfall einen heftigen Streit hervorrief.

Gretes Jungfer, ein sanftes, stilles Mädchen, das sie aufmerksam bediente, sah einmal sehr betrübt und unglücklich aus, als sie den Tisch deckte.

»Was fehlt Ihnen denn, Lina?« fragte Grete freundlich.

Das Mädchen brach sofort in Tränen aus und erzählte: ihre Mutter sei schwer krank, und sie sorge sich sehr um sie. Während Grete sich noch eingehender erkundigte und zu trösten versuchte, kam ihr Mann in das Zimmer. Sie merkte gleich an seinem Gesicht, daß er ungehalten war. Als sie allein beim Kaffee in dem kleinen Rauchzimmer saßen, machte er ihr Vorwürfe:

»Ich mag das nicht! Diese Vertraulichkeit mit den Leuten! Du hast nichts weiter mit ihnen zu sprechen als die Befehle, die du erteilen mußt. Im übrigen sind sie für dich nur Maschinen, die zu arbeiten haben.«

Grete sah ihn erst ganz verständnislos, mit entsetzten Augen an.

»Das ist doch nicht dein Ernst, Emil? Es sind doch Menschen, die mit uns in einem Hause leben, die sich für uns mühen.«

»Dafür werden sie bezahlt«, warf er ein.

»Niemals werde ich diesen Hochmut begreifen. Vertraulichkeiten habe ich nicht mit den Mädchen, aber ich werde stets gut zu ihnen sein und auch manchmal ein freundliches Wort mit ihnen reden. So haben wir's zu Hause gehalten, und so halte ich's auch bei mir!« widersprach sie sehr energisch.

Er verzog den Mund zu einer geringschätzigen Miene, die sie noch mehr reizte.

»Erinnere doch nicht immer wieder an eure kleinlichen Verhältnisse in München«, sagte er mit einem protzigen Ton.

In zorniger Erregung, mit blitzenden Augen entgegnete sie: »Kleinlich bist du mit deinem Wertschätzen von tausend Äußerlichkeiten, die dir so unendlich wichtig scheinen; mit deinem Vornehmtunwollen! Wir waren viel großzügiger trotz unserer Schlichtheit!«

Sie erschrak über den Groll, der in ihrem Herzen gegen ihn aufwallte, über die feindselige Empörung, die sein Geldhochmut in ihr weckte. Er hätte wohl auch ein heftiges Wort erwidert, aber es wurde ein Besuch gemeldet; offenbar ein guter Bekannter, weil er gleich in das Rauchzimmer eintrat und nicht in den steifen, feierlichen Salon eingeführt zu werden brauchte, der Grete ein Greuel war.

»Gut zurück von der Reise?« hörte sie ihren Gatten den jungen Mann begrüßen.

»Darf ich dir meinen Kompagnon vorstellen: Herr Schmidt – meine Frau!« So sah sie den Mann wieder, an den sie lange Zeit mit Sehnsucht gedacht hatte, der wie ein ernster Warner flüchtig in ihrem Leben aufgetaucht war und es beeinflußt hatte. Sie begegnete seinen forschenden, fast vorwurfsvoll auf sie gerichteten Augen, während er, sich verbeugend, sagte: »Ich hatte schon einmal in München die Ehre.« Dunkelrot wurde sie und fühlte das und ärgerte sich und ward erst recht befangen.

Sie hatte ja eigentlich Zeit gehabt, sich auf dieses Wiedersehen vorzubereiten. Seit sie den Namen des Kompagnons gehört, auch erfahren hatte, daß er erst wenige Jahre mit ihrem Gatten assoziiert war, daß er nur ein keines Kapital in das Geschäft geworfen, aber dafür mit seinem hervorragenden Können als Architekt Wichtiges leistete, war ihr kaum ein Zweifel geblieben, wem sie hier wieder begegnen sollte. Mit leisem Bangen hatte sie seine Rückkehr erwartet, und doch auch mit einem freudigen Gedanken: ich werde einen Freund finden in der Stadt, in der ich so fremd noch bin.

Er schien ihr verändert. Viel scheuer, schüchterner hatte er in ihrer Erinnerung gestanden. Nun besaß er mehr Haltung, das sichere Auftreten eines Mannes, der in seinem Fach etwas bedeutet, die Weltgewandtheit, die man auf Reisen, im Ausland erwirbt. Sehr fein und vornehm sah er aus mit dem schmalen, dunklen Bart, dem gleichmäßig brünetten Hautton, den gutgeschnittenen Zügen.

Es traf sich, daß Eschhofen bald darauf in den Salon gerufen wurde. Nun war einen Moment lang verlegenes Schweigen zwischen den beiden.

»Ich bin in München gewesen, ehe ich hierher zurückkam; sofort nach meiner Heimkehr, gnädige Frau«, sagte er dann leise, mit einem sehr bewegten leidenschaftlichen Ton. »Ich wollte Sie aufsuchen. Zufällig hörte ich, daß Sie sich verheiratet haben. Der Bekannte, der es mir sagte, wußte nichts Näheres. Erst hier auf meinem Schreibtisch fand ich die Vermählungsanzeige. Ich glaube, ich bin wie gelähmt dagesessen, habe immer wieder den Namen angestarrt und den Kopf geschüttelt wie ein Pagode. Wenn man mir mitgeteilt hätte, die Zugspitze sei plötzlich hierher an den Main gewandert, ich hätte nicht ungläubiger, verständnisloser dreinschauen können als über die Nachricht, daß ich Sie in diesem Hause, als die Frau meines Kompagnons wiederfinden sollte.«

»Ist hier nicht auch ein künstlerisches Milieu?« fragte sie lächelnd. »Ich werde mich nun mehr mit der Architektur als mit der Malerei befreunden.«

»Hier!« lachte er bitter. »Hier ist Geschäft! Wenigstens in diesem Hause.«

»Sie tun sich unrecht. Sie sind doch Künstler.«

»Angeschmiedet an das Kapital! Was bleibt unsereinem denn übrig, als seine Freiheit aufzugeben, um überhaupt etwas zu erreichen? Ich weiß nur nicht, warum Sie das tun mußten, gnädige Frau! Ich hatte mit solcher Freude gehört, daß Sie sich der Malerei zugewendet, daß Sie Ihr Talent entwickelt hatten.«

»Das wußten Sie?« fragte sie, plötzlich vergessend, wo sie war, mit einer Erregung, als wäre sie noch Gretel Lierbach und dürfte es ihm endlich sagen, daß er sie angeeifert hatte zur Kunst, zum Ernst, daß sie ihm jede frohe Schaffensstunde, jeden Erfolg verdanke.

»Ich hatte doch nie wieder etwas von Ihnen gehört«, fügte sie dann leise, mit einem unwillkürlich wehmütigen Klang hinzu.

»Aber ich habe doch immer noch Fühlhörner ausgestreckt und hingehorcht, wie es in Ihrem Hause weiterging, bis ich dann fortreiste. – – Alles hätte ich erwartet, alles eher, als Sie als Frau meines Kompagnons zu sehen. Das nicht; das nicht in dem schrecklichsten Traum!«

Eschhofen kam zurück. Zum Glück für Grete so mit geschäftlichen Dingen beschäftigt, daß er ihre Fassungslosigkeit nicht bemerkte. Er vertiefte sich dann auch mit dem Architekten in ein lebhaftes Gespräch, aus dem sie nach einer Weile erregte Worte heraushörte:

»Unser bester Bauführer ist entlassen worden, weil er wegen Krankheit seiner Frau um Vorschuß gebeten hatte«, sagte Schmidt ungehalten.

»Die Kerle sollen sparen zur rechten Zeit!« rief Eschhofen. »Ich kümmere mich nicht um ihr Familienleben!«

»Ich halte das für sehr unrecht«, gab die junge, ernste Stimme zurück. »Man müßte gute Arbeiter, einen Stock von zuverlässigen Leuten, durch freundliche, menschliche Behandlung zur Anhänglichkeit und zum Interesse an dem Geschäft veranlassen.«

»Ach, lassen Sie mich aus mit Ihren Ideen! Diese Lumpen! Wenn einer ihnen mehr gibt, laufen sie doch zu ihm!«

»Die meisten wohl. Ich weiß auch nicht, ob man ihnen das so sehr verdenken kann. Wirklich Tüchtige sollte man eben so gut bezahlen, daß sie nirgends ein besseres Unterkommen finden.«

»Sie sind natürlich immer bereit, Geld mit vollen Händen auszuschütten!« höhnte Eschhofen.

»Ohne ordentliche Bauführer bin ich eben nicht imstande, ein Haus bis zum bestimmten Termin fertigzustellen. Ich kann auch nicht die Garantie übernehmen, daß es solid gebaut ist!« klang es scharf zurück.

»Mit Ihrer Weichherzigkeit und Ihrem Humanitätsdusel erzielen Sie eben keinen Gehorsam. Wenn die Kerle nicht parieren, dann melden Sie es nur mir. Ich werde schon Feuer dahinter machen!«

»Es kommen andere Zeiten, Herr Eschhofen«, hörte Grete noch den Architekten sagen. Dann hatte sie geräuschlos die Tür hinter sich geschlossen, um in ihr Zimmer zu flüchten. Das kleine Atelier, das sie sich eingerichtet, war der einzige Raum, in dem sie sich in ihrem eigenen Bereich fühlte. Sie mußte allein sein; allein tief aufseufzen aus ihrem gepreßten Herzen; das Entsetzen niederkämpfen, das sich ihrer bemächtigt hatte. Noch klang der Streit mit ihrem Gatten in ihr nach; noch schauderte ihr vor dem Einblick in seinen harten Egoismus, der ihr geworden, und doch schien diese Erfahrung schon weit zurückzuliegen; denn wie ein großes, furchtbares Erlebnis, das alles um sie her veränderte, stand vor ihr dieses Wiedersehen. Schmidts Befremden, seine förmliche Anklage.

Lange saß sie zwischen den alten Studien, unter den vielen Erinnerungen an das frühere Leben mit einem Gefühl folternder Reue und angstvollem Grauen vor der Zukunft.

Dann raffte sie sich auf und kämpfte mit trotziger Kraft die Schrekken nieder, die sie niederbeugen und an sich selbst irremachen wollten.

Es war geschehen. Mit klarem Willen hatte sie ihr Schicksal gewählt. Nun hieß es mit stolz erhobenem Haupt den Weg zu gehen, den sie sich gesucht.

Sie kam, trotz des vorherigen Streites, ihrem Gatten wieder in versöhnlicher Stimmung entgegen und gab sich alle Mühe, in der neuen Umgebung, in dem Kreise, dem sie nun angehörte, Boden zu gewinnen. Aber es wurde ihr schwer gemacht. Eschhofen schätzte die Menschen nach ihrem Vermögen ein und verkehrte am liebsten mit Leuten, deren finanzielle Lage ihm imponierte. Eigentlich glich eine dieser Gesellschaften, zu denen sie eingeladen wurden, der anderen, bis auf das Service, bis auf das Menü. Und wenn man den Rheinlachs und den Rehrücken und die Poularden verspeist hatte, dann gingen die Herren, die alle Geldmenschen waren, ins Rauchzimmer und unterhielten sich über die Geschäfte, und die Damen saßen beisammen, bewunderten gegenseitig ihre schönen Kleider, sprachen über ihre Kinder, über die neuen Moden, wenn's gut ging, vom Theater. Grete blieb der fremde Wildling; sie langweilte sich zum Sterben und machte auch kaum mehr einen Versuch, von den Dingen zu sprechen, die sie bisher interessiert hatten.

Diese reichen Leute kauften wohl manchmal ein Bild von einem berühmten Maler; aber im Grunde kümmerte sie die Kunst doch blutwenig, und sie sahen alle mit Geringschätzung auf die Kreise herab, in denen Grete früher verkehrt hatte. Menschen, die nicht ein wohlfundiertes, schon vom Vater oder Großvater ererbtes und glänzend angewachsenes Vermögen besaßen, waren hier Plebs, Boheme, mit der man nichts zu tun haben wollte.

Sie wußte jetzt, daß auch Eschhofen gar kein künstlerisches Verständnis hatte. In seinem Zimmer hingen Gemälde, die sie schauderhaft fand, und als sie ihn einmal fragte: »Wie kannst du das anschauen? Wenn du sie geerbt hast und aus Pietät sie nicht weggeben willst, dann sag' ich nichts mehr; sonst aber – – –«

»Sie sind doch sehr gut gemacht«, meinte er zu ihrer Verblüffung.

»Miserabler Kitsch! Aber Emil! Das kann dir doch nicht gefallen.«

»Natürlich, du bildest dir ein, nur deine Münchner können malen.«

Sie antwortete nichts mehr. Es war ihr nun plötzlich erschreckend klar geworden, daß er bei seinen Einkäufen ihres Rates sehr bedurft hatte; daß er nicht bloß aus Verehrung und verliebter Unterordnung, sondern aus geschäftlichem Interesse mit ihr durch die Ausstellung im Glaspalast gegangen war.

Einmal sah sie in einer Villa, die ihr Mann eingerichtet hatte, und in der sie Besuch machten, das Bild ihres Vaters, den Frühlingsmorgen am Ammersee, das insofern eine Bedeutung in ihrem Leben gewonnen, weil sie Eschhofen kennen gelernt hatte, als es auf der Staffelei stand.

»Ihr Vater muß ja ein Krösus werden«, meinte die junge Frau, »bei den Preisen, die er für seine Landschaften bekommt! Zehntausend Mark haben wir für das Bild gezahlt. Ich freue mich ja riesig, daß mein Mann es dennoch nahm.«

Grete faßte die Sache mit Humor auf. …

»Nun, du machst ja einen hübschen Profit an deinem Schwiegervater!« sagte sie später zu ihrem Mann, denn sie wußte ganz genau, daß ihr Papa nicht viel mehr als die Hälfte der Summe bekommen hatte. »Und wieviel gewinnst du denn bei den anderen Bildern?«

»Ach, nicht viel!« wehrte er ab. »Aber bitte, schreibe es nicht nach München, daß man hier höhere Preise zahlt! Diese jungen Maler sollen froh sein, wenn ich ihnen ein paar blaue Lappen auf den Tisch lege.«

»Ich habe früher nicht gewußt, daß du auch mit Bildern Geschäfte machst.«

»Nun, man nimmt das auch mit.«

Und sie war so stolz gewesen, mit dem »Mäzen« durch die Ausstellung zu gehen; hatte sich gefühlt als Beschützerin der Kunst, während er sich bereicherte mit diesen Bildern, die er möglichst billig erstand.

O, wie einfach er sie einzufädeln gewußt hatte, wie blind sie dem Schlauen in die Falle gegangen war. Niemand durfte sie anklagen als sich selbst, wenn ihr schon jetzt, nach einem kurzen Jahr, ihre Ehe als ein trauriger Irrtum erschien, wenn das Heimweh sie zermarterte, wenn ihr, so oft sie in ihrem kleinen Atelier die alten Studien hervorsuchte und zu malen begann, die Pinsel wieder aus der Hand sanken in uferloser, nutzloser später Reue.

Das Schlimmste waren die Zweifel an dem Charakter ihres Gatten. Und weil sie sich sagte, daß sie ihr Selbst wahren, festhalten müsse an dem, was ihr recht und gut und der Begeisterung wert erschien, sich nicht von ihm unterjochen lassen dürfe, ward sie immer mehr zur Rebellin, die ihm kritisch, mit innerem Widerspruch gegenüberstand.

Es ließ sich nicht vermeiden, daß sie oft mit dem »Kompagnon« zusammentraf, und dann saß sie zwischen diesen beiden Männern und mußte im stillen immer dem einen recht geben, stimmte jedem Wort zu, das Max sprach, und war, ohne es zu wollen, die heimliche Gegnerin ihres Mannes. Entsetzt über die eigenen Gedanken, schaute sie auf die schönen, vornehmen Hände des Architekten mit den langen, schlanken Fingern, und verglich sie mit Emils kurzer, breiter, brutaler Hand, und schreckte dann unwillkürlich zurück vor dieser Berührung.

Es war merkwürdig, wie oft ihr Mann sagte: »Du bist geradeso unpraktisch wie mein Herr Kompagnon. Ihr mit eurer Menschenliebe! Da kämt ihr weit!«

Dann richteten sich die Augen seiner Frau wohl mit einem düsteren Blick auf ihn, mit einer angstvollen Abwehr, als wollten sie flehen: Schweig' doch! Sag' es mir nicht, auch du, wie gleich wir denken! Wie eine Befreiung schien es ihr, wenn es hieß: Der Architekt muß wieder einen Auftrag ausführen, in Schweden oder in der Schweiz – nur irgendwo in der Ferne. Und doch, wenn er fort war, dann fühlte sie erst ihre große, grausame Vereinsamung.

Heimweh nannte sie dieses schmerzliche Zerren und Dehnen am Herzen. Sie wollte sich nicht eingestehen, daß ihre Sehnsucht nicht den Eltern und nicht der Schwester, nicht der Isar und nicht den bayrischen Bergen galt, sondern weiterflog zu dem Mann mit dem ernsten, dunklen Gesicht, mit den vornehmen, schlanken Händen.

* *
*

So schwer auch manche Stunde scheint, die Tage gleiten doch rasch, unfaßbar, in immer schnellerem Tempo von uns fort.

Gretes Hochzeitstag jährte sich nun schon zum dritten Male. Es war wohl nicht ganz bedeutungslos, daß ihr Mann dieses Mal vergaß, ihr Blumen zu bringen. Seine Verliebtheit, die ihr immer noch Macht über ihn gegeben, ihn nach jedem Streit dazu gezwungen hatte, versöhnlich einzulenken, kühlte sich immer mehr ab, und es gab keine Brücke mehr über ihre innerliche, seelische Fremdheit voneinander.

Es war für Eschhofen eine große Enttäuschung, daß er auch in seiner zweiten Ehe kein Kind bekam, und er grollte seiner Frau, weil ihm dieser heiße Wunsch versagt blieb.

Grete hatte zweimal die Eltern besucht und ein paar Sommertage mit ihnen auf dem Lande verbracht.

In der letzten Zeit waren schlimme Nachrichten über die Verhältnisse der Schwester zu ihr gelangt; so gut sie konnte, half sie aus, und hätte gern mehr geschickt, wenn sie über größere Mittel hätte verfügen können; aber sie mußte über das Geld, das durch ihre Hände ging, genau Buch führen und wollte sich um keinen Preis mit einer Bitte an ihren Mann wenden, denn sie wußte, wie verächtlich er über die »Malersehe« sprechen würde.

Falk hatte nämlich, nach dem Tode seines Vaters, seine Erbschaft angetreten und nichts Eiligeres zu tun gehabt, als mit dem bescheidenen Kapital ein Hans zu kaufen.

Es stellten sich bald die Schäden heraus. Das Haus war schlecht gebaut; man hatte die Mieten künstlich in die Höhe geschraubt; die Wohnungen blieben leer und die Kosten für die Reparaturen überraschten den mit solchen Dingen nicht vertrauten Maler aufs peinlichste. Der Zuschuß von zu Hause, mit dem man früher die laufenden Ausgaben bestritten hatte, fiel natürlich weg. Ärger und Verdruß verdarben Waldemar die Stimmung zum Malen; er verkaufte schlecht und konnte die Zinsen für das auf dem Hause ruhende Bankgeld nicht aufbringen. Lierbach hatte schon ein paarmal geholfen, aber schließlich erklärt: so könne es nicht weitergehen. Falk müsse das Haus verkaufen und trachten, wenigstens sich selbst durchzubringen. Nach vielem vergeblichen Suchen, nachdem er an dem törichten Kauf den größten Teil seines Vermögens verloren, blieb Waldemar nichts anderes übrig, als eine Stellung an einer Malschule in Milwaukee anzunehmen, das einzige, was er bekommen konnte; während seine Frau mit den Kindern wieder zu den Eltern zurückkehrte.

Als Grete diesen Beschluß erfuhr, war sie so bestürzt, daß sie sofort nach München reiste, um ihre arme Schwester zu trösten, um den Eltern in der traurigen Stimmung nahe zu sein. Auch Waldemar tat ihr ja so von Herzen leid.

In der Falkschen Wohnung erkannte sie erst recht, wie sie in den letzten Jahren verwöhnt und anspruchsvoll geworden war. Sie sah jetzt die Armseligkeit der Räume, die heruntergekommene Einrichtung, ein buntes Gemisch von stilvollen, kostbaren Möbeln und höchst primitivem Hausrat, das schmutzige Dienstmädchen, die Enge und Bedrängnis der ganzen Lebensführung. Im Atelier hing eine Menge unverkaufter Bilder, die Kinder waren ungezogen, weil Trudel sich nicht genügend mit ihnen beschäftigen konnte, sich nur abmühen mußte, um ihre Sachen zu flicken und mit den geringen Mitteln einigermaßen durchzukommen.

Trudel war aufgelöst in Tränen über den Abschied, aber Falk ging offenbar nicht so ungern weg. Er mußte ja eine gewisse Befreiung darin finden, aus allem herauszukommen, kein Kindergeschrei mehr zu hören, wieder ein Junggesellenleben beginnen zu dürfen, wenn es auch in der Fremde war.

Grete, die gehofft hatte, sich einmal daheim ein wenig auszuweinen, sagte kein Wort, daß auch sie ihre Wahl bereue. Man hätte angesichts der wirklichen Not, die sich hier geltend machte, ihre Seelenarmut nicht verstanden.

»Gott sei Dank, daß du so gut versorgt bist!« meinte die Mutter mit einem bewundernden Blick auf ihren kostbaren Mantel und die Perlenschnur, die sie um den Hals trug.

Die gute Frau Amalie war gerade eifrig beschäftigt, in ihrer Wohnung Platz zu schaffen für die Enkelkinder und für die Tochter, die als traurige, verhärmte Frau wieder heim kam ins Elternhaus, um sich hier zu erholen von ihrem Liebesglück.

Es hatte etwas Ergreifendes, Rührendes für Grete, wie gut und nachsichtig der Vater war. Kein Wort des Vorwurfs kam über seine Lippen, und er wäre doch so berechtigt gewesen, nun triumphierend zu sagen: Seht ihr nun, wie recht ich gehabt habe?

Die Hände hätte sie ihm küssen mögen in bewundernder Liebe. Aber es war immer eine gewisse Scheu gewesen zwischen ihnen, Gefühle auszudrücken; jene herbe Zurückhaltung vor Zärtlichkeiten, die im bayrischen Charakter liegt und die sie nicht zu durchbrechen vermochte, auch wenn ihr Herz überfloß in warmer Begeisterung für ihren Vater.

Wie ein Vorwurf traf sie auch Lüders' schmaler gewordenes, leidvolles Gesicht.

»Er ist ganz verändert, seit du fort bist!« sagten sie ihr alle. »Er spricht so wenig; er wird immer mehr zum Einsiedler.«

Als er ihr die Hand drückte, fühlte sie sofort, daß er der einzige war, der sie durchschaute, der erriet, wie wenig glücklich sie geworden war.

»Mein guter Kamerad!« sagte sie herzlich. »Wie geht es Ihnen denn? Was macht die Kunst?«

»Ach, man schuftet so weiter und fragt sich, wozu? Kunst braucht Freude, und ich habe keine mehr! Sie ist fortgezogen«, gab er traurig zurück.

Sie mußte nach wenigen Tagen wieder heimreisen, weil ihr Mann gerade jetzt eine Gesellschaft geben wollte. Sie sprach nichts von den häuslichen Verhältnissen. Für Eschhofen war es ja eine Schande, kein Geld zu besitzen, und sie hätte es nicht ertragen können, seinen verächtlichen Ton zu hören.

Max Schmidt war wieder von einer längeren Reise zurück, und als er bald darauf einen Abend bei ihnen zubrachte, war unter anderen neuen Projekten auch davon die Rede, daß der Kommerzienrat, der sich in der Bockenheimer Straße eine neue Villa bauen ließ, seinen Salon mit großen, sonnigen Landschaften ausschmücken lassen wollte, damit der geräumige Saal keinen nüchternen Eindruck mache.

Man besann sich, wem man den Auftrag geben solle, und Grete rief mit bittendem Ton: »Lüders, mein kleiner Freund Lüders, könnte das famos machen! Ich würde ihm so gern diese Freude verschaffen!«

Sie schaute den Architekten mit einem flehenden Blick an, und er unterstützte auch sofort ihren Vorschlag:

»Ich glaube, bei dem künstlerischen Verständnis der gnädigen Frau können wir nur froh sein, wenn sie uns einen Namen zu nennen weiß. Sie wird keinen Talentlosen empfehlen.«

»Lüders malt ganz gut«, sagte Eschhofen mit Kennermiene. »Aber ich gebe ihm den Auftrag nur unter der Bedingung, daß du über die geschäftliche Abmachung schweigst. Er kriegt, was ich mit ihm vereinbare.«

Grete wußte: Lüders würde jede Bezahlung annehmen, jeden Kontrakt unterschreiben, wenn er nur in ihre Nähe kam. Das durfte sie ihrem Gatten freilich nicht verraten.

»Ich hoffe, Herr Schmidt sorgt dafür, daß der arme Mensch nicht zu sehr übervorteilt wird!« bemerkte sie nur, so leichthin und heiter, als sie konnte. Aber zwei Augenpaare tauchten wieder ineinander in ernstem, tiefem Einverständnis. Mehr als je fühlten die beiden sich als stumme Verbündete.

Als Lüders die Nachricht bekam, packte er sofort seinen Koffer und fuhr noch in der Nacht nach Frankfurt.

Grete traute ihren Augen kaum, als er schon am nächsten Vormittag in ihrem steifen, ungemütlichen Salon vor ihr stand.

»Vor allem meinen heißen Dank, Frau Eschhofen! Oder darf ich Frau Grete sagen?«

Wenn mein Mann es hört, lieber nicht. Aber danken brauchen Sie mir auch nicht. Ich freu' mich doch selbst über das Stück Heimat, das mit Ihnen hierherkommt.«

Ach, sie war arm geworden. Sie wußte jetzt, was solche Treue bedeutet, wie er sie für sie hatte.

»Leider bin ich in meinem Hause nicht die Herrin, die es Ihnen behaglich machen dürfte, wie es früher bei den Eltern war«, fügte sie ein wenig verlegen hinzu. »Wenn Sie es nicht fertigbringen, sich bei Emil einzuschmeicheln, dann kriegen Sie halt auch nur Einladungen auf gedruckter Karte, und ich weiß nicht, ob Sie dann mehr als einmal Folge leisten.«

»Ich bin entschlossen, Herrn Eschhofen den Hof zu machen«, bemerkte er mit einem lustigen Zwinkern in den Augen, über das sie sich freute, weil es doch wieder ein Erwachen seines alten Humors verriet.

Tatsächlich brachte Lüders mit Geduld und Ausdauer das Kunststück zuwege, sich Eschhofens Gunst zu erobern. Er bekam wirklich die Erlaubnis, zuweilen ohne Aufforderung, ganz zwanglos beim Abendessen zu erscheinen. Zum Glück erschien er in so elegantem Anzug, daß Eschhofen an seiner Erscheinung nichts auszusetzen haben konnte; und als er sich auch noch als guter Schachspieler entpuppte, schickte dieser gleich nach ihm, wenn er ein paar Tage nicht gekommen war.

Dann saßen die beiden Männer sich am Spieltisch gegenüber und Grete las; aber Lüders sah doch ihr von der Lampe belichtetes Profil und begegnete zuweilen ihrem freundlichen Lächeln; dafür nahm er bereitwillig Eschhofens Herablassung in den Kauf, die er im stillen ja doch nur komisch fand.

Im Frühjahr mußte ihr Mann häufig verreisen, zu Versteigerungen, zur Besichtigung von Grundstücken, die er kaufen wollte; es war dann für Grete ein Feiertag, wenn sie mit Lüders einen Spaziergang machen konnte, der an die frühere, nun in so hellem Glanz vor ihren Augen stehende Zeit erinnerte, wenn sie wieder mit einem Maler die Landschaft betrachten und Pläne entwerfen durfte für eine neue Arbeit, zu der ihr bis jetzt die Anregung gefehlt hatte.

Einmal waren sie schon am Morgen auf dem Bahnhof zusammengetroffen, um einen lange geplanten Ausflug nach Heidelberg auszuführen. Durch einen merkwürdigen Zufall hatte auch Max Schmidt sich so früh vom Sonnenschein herauslocken lassen; er bat nun dringend, sich anschließen zu dürfen.

Ein Maitag in Heidelberg! Die Akazien dufteten, die Nachtigallen jubelten, das Buchengrün leuchtete von goldigen Sonnenlichtern durchflossen. Sie stiegen zum Schloß empor und schlenderten durch den Wald; leise Musikklänge flogen ihnen nach in die grüne Einsamkeit.

Die Wandergenossen sprachen nicht viel; sie lauschten den Vogelstimmen und standen manchmal still, um einen Blick hinauszuwerfen auf das sonnige Neckartal, auf die blühenden Hügel. Die Herzen wurden so weich und sehnsuchtsvoll in diesem Glanz, in dieser Frühlingspracht. Dann traf es sich in der späten Nachmittagsstunde, daß Grete und Max auf einem steiler ansteigenden Weg vorangingen, Lüders langsamer folgte. Vor einer einsamen Bank unter dem efeuumwachsenen Burggemäuer standen sie still und warteten. Hier ging es jählings hinab in eine grüne Tiefe; sie lehnten an dem Holzgeländer und sahen, wie in einem Rahmen, ein Stück der in goldigem Glanz liegenden Landschaft mit dem glitzernden Fluß. »Der zauberhaft schöne Tag!« sagte Max mit einem erregten Klang in der Stimme. »Ist das nicht wie ein Traum von Freiheit heute! Man könnte vergessen, wie fest und unentrinnbar man angeschmiedet ist! – Sie zur Rechten, ich zur Linken, wie zwei Galeerensklaven an derselben Kette! Ich muss es Ihnen einmal sagen«, fuhr er leiser, leidenschaftlicher fort, »daß ich Sie nie vergessen hatte, daß ich mir förmlich als höchste, schönste Belohnung nach der Arbeit, nach dem mühsamen Emporringen, das Wiedersehen mit Ihnen versprochen hatte! O, mit so stolzen, frohen Erwartungen kam ich nach München! – Sie wissen, wo ich Sie dann fand! Warum sind Sie Eschhofens Frau geworden, Grete? Wie konnten Sie? Wie durften Sie? Seitdem hasse ich ihn, und aus meinem ruhigen Widerstand gegen den Herrn Kompagnon ist ein quälender, wilder Zorn geworden! Wie soll ich es ihm verbergen, daß ich sein Feind bin, ich, der ihm dankbar sein müßte, der ich an ihn geknüpft bin wie Sie! Ich kann nicht los von ihm, da ich Sie in seiner Macht weiß, da ich in Ihren Augen die Reue lese und Ihre trostlose Vereinsamung!«

Ihre Hände zitterten auf dem Geländer; sie sah mit einem süßen Grauen, daß sie am Abgrund standen, daß nur ein einziger Schritt sie vor dem Sturz in die Tiefe zurückhielt, daß der Halt, an den sie sich klammerte, unter ihrem Beben zu schwanken begann.

Wolf Lüders, der ihnen nachgekommen war, rief entsetzt:

»Frau Grete! Um Gottes willen! Kommen Sie näher an die Bank! Sie stehen ganz am Rande!«

Als sie sich umwandte, erschrak er vor ihrem verstörten, todtraurigen Ausdruck.

Wie vor vielen Jahren auf dem Heimweg vom Eisplatz, blieb er auch jetzt in Gretes Nähe und ließ sie keinen Moment mehr mit dem Architekten allein. Aber er tat es nicht mehr mit jener eifersüchtigen Schärfe, mit jener grollenden Bitterkeit wie einst; mehr mit einer mitleidigen Angst, als fühle er, daß ihr Gefahr drohe, und wolle wie ein treuer Eckart sie beschützen, sie behüten – vor den eigenen Wünschen.

Eschhofen mußte in diesem Sommer auffallend oft fort. Er war wieder seit geraumer Zeit auf der Reise, als eines Vormittags Max Schmidt in aufgeregter Hast in ihr Zimmer trat.

Ihr schlug das Herz, wenn sie nur seine Stimme hörte. Er war in geschäftiger Eile, fragte nur mit erhitztem Gesicht:

»Gnädige Frau, von Ihrem Gatten ist kein Telegramm in die Wohnung gekommen?«

»Nein. Was ist denn?« stieß sie erschrocken hervor.

»Ihr Mann ist doch heute noch in Köln?« fügte er unruhig hinzu.

»Ich glaube, er wollte heute nach Barmen. Aber bitte, sagen Sie doch – – –«

»Darum keine Antwort!« murmelte er.

»Verzeihen Sie, daß ich da mit Geschäften hereinplatze«, bat er dann. »Die Leute wollen die Arbeit einstellen, wenn ihnen nicht höhere Löhne bewilligt werden. Ich kann jetzt einen Streik nicht brauchen! Man müßte einen Teil der Forderungen, die meines Erachtens nicht ungerecht sind, bewilligen. Aber ich habe ja kein Verfügungsrecht! Zwei Telegramme habe ich schon an meinen Kompagnon geschickt! Vielleicht wissen Sie, wo er in Barmen zu erreichen ist!«

»Er wollte dort bei seinem Onkel absteigen. Die Adresse kann ich Ihnen geben«, sagte sie eifrig, mit lebhafter Anteilnahme.

»O, vielen Dank! Und zürnen Sie nicht, daß ich in meiner Ratlosigkeit zu Ihnen kam. Sie verstehen nun wohl, wie quälend oft diese Gebundenheit ist?«

Sie seufzten beide wie aus gleich bedrückter Seele.

»Bitte, sagen Sie mir auch Bescheid, wenn Sie Antwort haben. Mein Mann spricht ja nie Geschäftliches mit mir; aber ich interessiere mich doch sehr und hoffe von Herzen, daß der Streik vermieden wird.«

Er schüttelte finster den Kopf. »Mein Herr Kompagnon wird jedes Zugeständnis ablehnen, und dann können wir ja auch feiern für die nächste Zeit!« meinte er bitter.

Niedergeschlagen und verstimmt kam er nachmittags wieder.

»Ich habe sehr richtig prophezeit! Ich kenne Herrn Eschhofen ja allzu gut!« grollte er in mühsam beherrschtem Zorn. »Er depeschiert nur: ›Fällt mir nicht ein. Komme selbst heute, werde die Kerle schon zur Raison bringen.‹ Aber sämtliche Maurer und Zimmerleute haben bereits die Arbeit niedergelegt. Mein Herr Kompagnon will nicht glauben, daß die Zeiten andere geworden sind, daß man die Arbeiter, die ganz genau wissen, was sie verlangen dürfen, nicht mehr mit einer groben Anrede in Schach hält!«

»Wenn ich Ihnen nur irgendwie helfen könnte! Aber ich besitze leider gar keinen Einfluß auf meinen Mann in solchen Fragen.«

Er lachte bitter auf. »Wenn es sich um Geld handelt, vermöchte kein Engel vom Himmel Herrn Eschhofen umzustimmen! Diese Menschen, die nichts so innig lieben wie ihr Geld, die solche Riegel vor dem Herzen haben, sie werden eben reich.«

Sie fühlte, wie die Aufregung, die ungeduldige Erwartung, die Enttäuschung in ihm nachzitterten, wie sein ganzes Wesen sich empörte über die Abhängigkeit, die ihm die Hände lähmte, die Schaffensfreude vergällte. Und wie er nun diesen warmen, mitleidigen Frauenaugen begegnete, da brach er in die leidenschaftliche Klage aus:

»Und wir beide? Was sollen wir hier, im Hause des Königs Midas?«

Sie nahm ihre ganze Kraft zusammen. »Unsere Pflicht tun. Wir haben ja selbst diesen Weg gewählt. Wir müssen ihn weitergehen. Es gibt kein Zurück«, sagte sie ernst.

Er sah sie mit einem traurigen Blick an, verbeugte sich und ging, ohne ein weiteres Wort.

Eschhofen kam in ärgerlicher Laune heim; er war wütend über den Architekten, der den Leuten keinen Respekt einzuflößen wisse, und behauptete, nur in seiner Abwesenheit könnten solche Dummheiten passieren. Es brachte ihn nur noch mehr auf, daß Grete ihm riet, doch lieber nachzugeben und mit freundlichen Zugeständnissen dem Streik ein Ende zu machen, der doch gerade jetzt in der besten Bauzeit auch ihn schwer treffen würde.

»Natürlich! Du mußt auch in dieses Horn blasen!« rief er zornig. »Man weiß ja, woher du diese Weisheit hast! Fällt mir nicht ein! Ich lasse mir nichts abtrotzen.«

Noch war er von der festen Überzeugung durchdrungen, daß er mit den Führern der Arbeiter nur zu sprechen brauchte, und die leidige Geschichte kam wieder in Ordnung.

Mit einem bösen Kopf kehrte er von der Unterredung heim. Er wollte Grete seinen Mißerfolg nicht eingestehen, und zu allem Ärger über die Arbeitseinstellung kam auch noch die Beschämung vor ihr und vor dem Architekten, daß seine Autorität, auf die er sich so viel zugute tat, versagte.

Es waren schlimme Wochen, und nur Lüders ertrug mit Geduld die grimme Laune des abendlichen Partners, weil Grete ihn bat, so oft wie möglich zu kommen, denn in Gegenwart des Malers mußte Eschhofen sich doch ein wenig zusammennehmen. Es war förmlich, als wollte ihr Mann sie dafür verantwortlich machen, daß der Streik weiter dauerte, daß er nach Wochen schweren Verlustes nachgeben mußte. Er verzieh es seinem Kompagnon nicht, daß dieser recht gehabt hatte, und er vergalt es Grete mit bissigen Bemerkungen, daß sie auf der Seite der Arbeiter gestanden hatte, die ihm den Sieg abgerungen.

In diesen Tagen erhielt sie einen Brief, den sie erst beiseite legte, weil sie glaubte, es sei wieder eine der vielen Betteleien, die an sie gerichtet wurden. Als sie ihn dann doch endlich erbrach, strömte ihr das Blut heiß ins Gesicht, und sie las mit zornigen Augen:

»Gnädige Frau! Ich muß zu Ihnen meine Zuflucht nehmen. Sie sind doch eine Frau und haben Mitleid vielleicht. Vor einem halben Jahre habe ich einen Herrn kennen gelernt, der sehr lieb mit mir war. Mein Gott, ich bin ein armes Ding, und wenn ich auch ein nettes Gesicht hab', dafür gibt einem niemand was. Die Männer von meinem Stand sind auch oft so gemein. Ich hab' all gedacht, daß ich keinen solchen möcht'. Darum hat es mir so gut gefallen, daß der feine Herr mich in ein Restaurant eingeladen hat. Er ist auch mit mir fortgereist auf die Bergstraße. Da hab' ich's so schön gehabt wie eine Dame. Nun ja; wie's schon geht! – Er hat mir nicht gesagt, wie er heißt, aber ich bin ihm einmal heimlich nachgegangen, und dann hab' ich erfahren, daß er von dem Baugeschäft ist. Aber ich weiß nicht, ist er der Co. oder der andere? Jetzt läßt er gar nichts mehr von sich hören. Auf meine Briefe gibt er keine Antwort; es tät mir leid, wenn es Ihr Mann wär', aber ich könnt' ja auch nichts dafür, weil ich ja nicht gewußt hab', daß er ein verheirateter Mann ist. Wenn es aber der andere ist, so helfen Sie mir, daß er wieder von sich hören läßt, denn postrestant, da hilft mir alles Schreiben nicht. Ich bin doch ein anständiges Mädchen gewesen, bis vor einem halben Jahre, und hätte nicht geglaubt, daß ein feiner Herr so sein könnt'.«

Für Grete gab es keinen Zweifel. Ihr Mann? Ihr korrekter, strenger Mann? – Ausgeschlossen! Also – der andere! Der Vornehme, Ernste! Zu dem sie so rückhaltloses Vertrauen gehabt, den sie für so tadellos, für so edel und gut gehalten hatte. Damals in Heidelberg, wo er ihre ganze Seele aufgewühlt hatte, in Sehnsucht und Schmerz mit seinen leidenschaftlichen Worten, da kam er wohl gerade von einem Ausflug mit dem netten kleinen Mädel oder freute sich auf einen Abend im Restaurant mit dem jungen Schatz!

Sie schlug die Hände vor das Gesicht in Beschämung und Empörung. Es war ihr so elend zumute, als wenn sie verraten worden wäre von der ganzen Welt; als hätte man ihr allen Glauben an die Menschen zertreten. Mit schmerzenden Schläfen suchte sie zu überlegen, sich klar zu werden, daß sie ja kein Recht habe, ihm so bitterlich zu grollen. War er nicht ein freier Mann? Warum sollte er nicht mit einem leichtsinnigen kleinen Ding an die Bergstraße fahren? Warum nicht nehmen, was sich ihm bot?

Aber nein, nein! Es war heimtückisch, daß er dem armen Mädchen seinen Namen verschwiegen hatte; es war grausam, daß er sie beiseite schob ohne Abschied, sich einfach wegdrückte wie ein herzloser, kalter Verführer! Wahrhaftig, wenn er so handeln konnte, dann durfte er sich nicht als vornehmer Charakter aufspielen; dann hatte er gar keine Veranlassung, auf ihren Mann so stolz herabzuschauen, wie er es tat!

In all ihrer Enttäuschung schien es ihr förmlich wie eine Befreiung, daß sie ihm zürnen konnte, daß sie sich zum ersten Male sagen durfte: er ist auch nicht besser; es ist einer wie der andere!

Es verging geraume Zeit, bis sich wieder eine Gelegenheit bot, den Architekten allein zu sprechen. Vor ihrem Gatten wollte sie ihn nicht mit diesem Brief beschämen. Ihre kühle Miene, ihr veränderter Ton konnten ihm wohl zeigen, daß sie ihn nun durchschaue und jede warme Regung bereue, die sie ihm verraten hatte. Auch er hielt sich ihr fern; ihr letztes Wort war ja eine strenge Zurückweisung gewesen.

Einmal hatte er ihr die Mitteilung zu machen, ihr Gatte werde erst in der Nacht ankommen; sie sollte ihn nicht zum Abendessen erwarten; er habe an das Bureau telegraphiert.

In sehr gemessener Haltung stand er vor ihr, gekränkt von ihrem frostigen Empfang, und wollte sich sofort nach der kurzen Meldung wieder entfernen.

»Haben Sie einen Moment Zeit?« fragte sie, sich mühsam zur Ruhe zwingend.

»Wenn Sie befehlen, gnädige Frau, gewiß!«

Sie trat an ihren Schreibtisch, holte den Brief und gab ihn ihm.

»Ich habe ja gar keine Befugnis, mich in Ihre persönlichen Angelegenheiten zu mischen, Herr Schmidt«, sagte sie. »Aber Sie werden begreifen, daß ich doch diesem armen Geschöpf, das sich an mich gewandt hat, eine Antwort geben möchte.«

Sie sah, daß er verlegen wurde, daß die Sache ihm sehr peinlich war.

»Ich würde Ihnen raten, diesen Brief ins Feuer zu werfen und sich nicht weiter um die Angelegenheit zu kümmern«, sagte er nach kurzem Zögern. Seine sichtliche Befangenheit, die Hast, mit der er sprach, raubten ihr die letzten Zweifel, die vielleicht doch noch in ihr geschlummert hatten, als könnte es sich um irgendeine schwindelhafte Verleumdung handeln.

»Sie scheinen allerdings für ein abgekürztes Verfahren zu sein«, bemerkte sie scharf. »Man schiebt einfach fort, was unbequem ist, nicht wahr? Aber mir hat der Brief Eindruck gemacht. Ich halte für wahr, was das arme Mädchen schrieb, und sehe nicht ein, warum ich das arme Ding beleidigen sollte durch vollständige Nichtbeachtung. Oder hat sie etwas getan, wodurch sie die schlechte Behandlung verdiente?«

Max sah zu Boden, kaute an der Lippe, gab erst keine Antwort. Dann sagte er wie mit einem plötzlichen Entschluß: »Ich weiß es nicht!«

»Sie wissen es nicht?«

»Aber nein! Ich habe doch keine Ahnung, wer dieses Fräulein ist!«

Es klang so treuherzig, so überzeugend wahr, daß ihr im ersten Moment das Herz schlug wie in einer übermütigen Freude.

Dann wurden ihre Augen finster; mit einer drohenden Falte auf der Stirn stieß sie hervor:

»Sie kennen sie nicht? Aber dann – – –«

»Gnädige Frau! Ich bin in einer sehr peinlichen Lage, Ihrem Verhör gegenüber. Sie haben mich schon seit geraumer Zeit kaum mehr eines Blickes gewürdigt; Sie hatten eben wieder einen so eiskalten Ton gegen mich. Ich kann, ich will das nicht ertragen! Ich fühle ja nun wohl, daß dieser Brief die Ursache ist. Und es hieße Übermenschliches von mir verlangen, wenn ich die Schuld eines anderen auf mich laden, wenn ich Ihre Verachtung geduldig hinnehmen sollte, ohne mich zu verteidigen. Ich muß bekennen, daß ich von der Sache nichts weiß. Aber ich beschwöre Sie: Forschen Sie nicht weiter nach! Verbrennen Sie den Brief. Es ist vielleicht nur eine neue Form, Almosen von Ihnen herauszulocken.«

Sie stand vor ihm mit stolz zurückgeworfenem Kopf, hochaufgerichtet; in ihrer Haltung wieder ganz die Walküre mit dem trotzigen, kampflustigen Ausdruck.

»Ich frage Sie nun auf Ihr Gewissen, und ich appelliere an die Freundschaft, die Sie für mich haben, an die ich glaube: Halten Sie es für möglich, für denkbar, daß dieser Brief meinem Mann gilt? Bitte, jetzt keine Lüge! Ich fordere Ihr Vertrauen unter der strengsten Verschwiegenheit. Ich will nur klar sehen. Also nur die eine offene Antwort: Halten Sie es für möglich, daß Ihr Kompagnon dieses Liebesabenteuer hatte?«

Flehend, mit dringender, heißer Bitte lagen ihre Augen auf seinem Gesicht. Er hätte nicht zu lügen vermocht, auch wenn es sich um seinen besten Freund gehandelt haben würde.

»Ja, gnädige Frau!« sagte er nur.

Aber dann erschrak er über das Entsetzen, das ihre Züge ausdrückten, über die leidenschaftliche Entrüstung, mit der sie rief:

»Er, er!« Es war halb ein Schrei, halb ein bitteres, zorniges Lachen.

»Gnädige Frau, wenn ich geahnt hätte, daß Sie Ihrer Mann so zärtlich lieben, daß diese Erfahrung Sie so heftig erschüttert, dann würde ich dennoch die Schuld auf mich genommen haben, so schwer es mir auch geworden wäre«, sagte er traurig.

»Sie täuschen sich. Es ist nicht Eifersucht!« stieß sie immer noch mit demselben wilden, bebenden Ton hervor. »Ich glaube, daß ich sogar eine Treulosigkeit verzeihen könnte! Aber was ich von Grund der Seele aus hasse, das ist Heuchelei! Diesen Schein von Tugend. Diese Maske der Wohlanständigkeit, hinter der sich so dunkle Dinge verbergen. O, ich danke Ihnen, daß Sie wahr gewesen sind! Daß Sie nicht gelogen haben.«

Sie reichte ihm ihre Hand, und er zog sie an die Lippen und sagte leise:

»Grete, glauben Sie immer noch, daß es kein Zurück gibt? Daß wir den unglückseligen Weg weitergehen müssen, Sie zur Rechten, ich zur Linken, an derselben Kette?«

Einen Moment lächelten sie sich an und sahen, wie in einem herzbetörenden Zauber, den Glanz der Freiheit, den Schimmer eines fernen

Glücks. Dann lösten sich ihre Hände; Grete schaute wie erwachend zur Wirklichkeit auf den Brief, der vor ihr lag, und ihr Gesicht wurde wieder düster. Eschhofen kam nachts zurück. Er war den ganzen nächsten Tag beschäftigt. Am Abend spielte er Schach mit Lüders. Gretes Freund bemerkte wohl, wie nachdenklich sie über ihr Buch wegschaute, wie einsilbig sie mit ihrem Mann war.

»Meine Frau ist wieder mal in ungnädiger Laune«, sagte Eschhofen. »Bei den Damen wechseln die Stimmungen noch unberechenbarer als unser heuriges Sommerwetter.«

Grete sagte kein Wort. Als der Maler fort war, legte sie stumm den Brief vor ihrem Mann auf den Tisch.

Er war zu verblüfft, um seine Mienen beherrschen zu können.

»Was geht das mich an?« sagte er wohl, aber es stieg ihm das Blut doch recht verräterisch in die Stirne.

»Das ist also deine Moral!« sagte sie hart. »Wo nimmst du die Stirne her zu deinem strengen Urteil über andere? Du sprichst von Malerboheme! Ekelhaft ist diese Scheintugend, diese Heuchelei!«

Sie wartete seine Antwort nicht ab. Während er den Brief des kleinen Mädels zornig in Fetzen zerriß, ging sie aus dem Zimmer und schloß sich ein in die Schlafstube, die sie für sich allein hatte herrichten lassen.

Und nun brachte ihr der Zufall eine kränkende Enthüllung nach der andern.

Es kamen ihr Rechnungen in die Hände für Stoffe, für Schmuck, die nicht für sie gekauft worden waren, und eines Tages sagte eine Bekannte, ahnungslos, welch bedenkliche Mitteilung sie ausplauderte:

»Sie müssen kurz vor uns in Baden-Baden gewesen sein. Ich las im Fremdenbuch: Eschhofen und Frau. Schade, daß wir uns nicht getroffen haben.«

»Sehr schade!« sagte Grete mechanisch. Sie hatte die Geistesgegenwart, die Wahrheit, die sie nach ihren jüngsten Erfahrungen sofort erriet, nicht zu verraten. Es war plötzlich eine große Ruhe über sie gekommen nach schwerem Grübeln und Erwägen und Hin- und Herschwanken; die Ruhe eines festen Entschlusses.

Nun erklärte sich, warum ihr Mann in der letzten Zeit so häufig verreisen mußte. Er nahm sich eine Gefährtin mit, die er im Hotel als seine Frau ausgab.

Grete fühlte, nach dieser Entdeckung gab es nur eines für sie: Scheidung! Ihr Stolz zwang sie ja, zu gehen. Eschhofen selbst gab ihr den

Weg frei. In der ersten heftigen Aufwallung wollte sie sofort heimeilen, packen und zu den Eltern reisen. Aber dann besann sie sich. Warum sollte sie in der Abwesenheit ihres Gatten, heimlich, wie auf der Flucht, wie eine Schuldige sein Haus verlassen? Nein! Sie war allezeit für klares, offenes Handeln gewesen. In einer letzten Aussprache mußte sie ihm sagen, daß sie von ihm gehen werde, daß ihre Wege sich trennten.

O, wie sie sich fortsehnte aus dieser weichen Luft der Maingegend nach dem herberen Hauch in den geliebten Bergen! Wie sie sich freute, wieder neben dem Vater auf einem stillen Studienplatz zu sitzen und die Jahre, die sie fern von ihm verlebt, zu vergessen wie einen schweren Traum.

Von ihrem Freund Lüders, der eine Studie zu einem Rheinbild malen mußte und deshalb nach Boppard fort war, hatte sie schon Abschied genommen. An Max Schmidt wollte sie schreiben, ehe sie wegreiste. Er war eine Weile bei einem Bau in Wiesbaden beschäftigt gewesen, und wenn ihr Herz auch danach verlangte, ihm Lebewohl zu sagen, so hoffte doch ihre Vernunft, daß sie sich jetzt nicht mehr begegnen würden. Sie erblaßte bis in die Lippen, als er dann doch in diesen Tagen der Spannung, des bangen Harrens plötzlich vor ihr stand. Er hatte im Flur die Koffer gesehen.

»Sie reisen fort, gnädige Frau?« fragte er mit forschendem Blick.

Sie nickte. »Auf immer fort aus diesem Hause«, sagte sie ernst.

Ein Aufleuchten ging über sein Gesicht.

»Gott sei Dank!« rief er jubelnd.

Er war wie verwandelt. Als wäre ein jahrelanger Druck von ihm genommen, als könnte er freier atmen, als würfe er eine Last von sich, an der er schwer getragen! Mit heißem, jungem Ungestüm riß er sie an sich und küßte ihr das Gesicht mit einer leidenschaftlichen, tollen Zärtlichkeit.

»Endlich, endlich, Grete! Nun wird alles gut. Nun ist auch für mich die Kette zerrissen. Und wenn ich Eschhofen alles vor die Füße werfen muß, was ich seit Jahren hier verdient habe, er soll mich nicht mehr halten. Ich bin jetzt ein Baumeister, den man kennt, und ich finde überall zu tun. Wenn du an meiner Seite bist, dann liegt mir nicht, daran, wo ich lebe, meinetwegen auch drüben über dem Ozean. Wenn ich nur los bin von ihm. Wenn ich dich nur nicht mehr in seiner Gewalt weiß!«

Wie ein Sturm war dieses glühende, berauschende Glück über sie gekommen. Ihr ward bange. Angstvoll legte sie ihm die Hand auf die Lippen.

»Noch bin ich nicht frei. Noch haben wir kein Recht, von der Zukunft zu träumen. Es war nur ein Lebewohl. Ganz leise, ganz scheu wollen wir sagen: Auf Wiedersehen!«

Am Abend sollte Eschhofen, der nach Köln gereist war, zurückkehren. Grete brannte der Boden unter den Füßen. Sie hatte alles geordnet, um gleich nach der Ankunft ihres Mannes fortfahren zu können. Aber Eschhofen kam nicht, und auch der nächste Tag verging in ungeduldigem Hinharren auf diese Aussprache, die sie sich zur Pflicht gemacht hatte.

Endlich traf in der Abendstunde ein Telegramm ein, das Grete, ärgerlich über eine Verzögerung, aber doch ohne Arg, öffnete, denn ihr Mann pflegte viel häufiger mit Depeschen als mit Briefen seine Mitteilungen zu schicken.

Nun aber las sie mit erschrockenen Augen:

»Habe Sie zu benachrichtigen, daß Herr Eschhofen einen schweren Unfall hatte, und bitte Sie, sofort zu kommen. Dr. Merans.«

Eine halbe Stunde später saß Grete im Zuge. Es war Nacht, als sie in Köln ankam. Der Arzt hatte ihr die Klinik angegeben. Eine Diakonissin huschte mit leisen Schritten heran und führte sie durch weite, stille Gänge zu dem Krankenzimmer.

Sie mußte warten, bis der Arzt gerufen werden konnte, der sie mit ernster Miene, mit einem traurigen Achselzucken empfing.

Herr Eschhofen sei bei einem Bau, den er besichtigt hatte, von dem Gerüst gefallen und liege noch bewußtlos. Man konnte über die Art der Verletzung noch nichts Näheres sagen; äußerlich seien ja nur verschiedene Schürfungen und Kontusionen zu bemerken, aber man habe den Patienten, da eine Gehirnerschütterung zu befürchten war, nicht aus der ruhigen Lage bringen dürfen.

Auch über den Unfall selbst ließ sich wenig herausbringen. Grete schien es rätselhaft, daß ihr Mann, der so gewohnt war, auf einem Gerüst herumzusteigen, seine Schritte zu prüfen, auf ein schwankes Brett getreten sein sollte. Hatte ihn ein Schwindel erfaßt? Oder war er von dem heimlichen Stoß eines erbitterten Arbeiters, den er mit harten Worten entlassen, hinabgeschleudert worden?

Das Geheimnis, das über dieser verhängnisvollen Minute lag, in der er den Halt verloren hatte, war jedenfalls nicht mehr zu lichten.

Der Arzt gab wieder Hoffnung, als Eschhofen am Morgen erwachte, bei klarer Besinnung war und keine Symptome sich einstellten, die auf eine schwere Gehirnerschütterung schließen ließen.

Aber das blasse Gesicht mit der Binde über der verletzten Stirn hatte einen Ausdruck qualvoller Angst. »Ich kann mich nicht bewegen. Ich bin wie ein Klotz!« stieß er rauh hervor.

»Es ist natürlich, daß man einen Sturz vom zweiten Stock auf das Straßenpflaster spürt, mein Herr!« suchte der Arzt ihn zu trösten, aber Grete sah wohl, daß ihm der heitere Ton nicht von Herzen kam.

Als der Patient durch Nahrung gestärkt worden war, auch eine Stunde geschlummert hatte, fand die Untersuchung statt, zu der auf Gretes Wunsch der erste Chirurg in Köln zugezogen wurde.

Sie wartete im Nebenzimmer auf das Ergebnis, in jener schweren, dumpfen Gemütsverfassung, die in solcher von Karbol durchschwängerten Atmosphäre, in der Nähe von so viel Elend und Schmerzen, sich jedes mitfühlenden Menschen bemächtigt, als gäbe es nur Jammer und Trübsal auf der Welt, als wäre jeder Gedanke an Lebensfreude hier erloschen.

Dann hörte sie den traurigen Bescheid, der wie ein unerbittlicher Urteilsspruch war, auch für sie:

Eine Verschiebung der Rückenwirbel, zugleich Quetschung des Rückenmarks. Keine unmittelbare Lebensgefahr, aber vollständige Lähmung der Beine; ein unheilbares Siechtum.

Am nächsten Tage kam der Architekt, bestürzt von der Nachricht, die ihm zugegangen war, in die Klinik. Grete sah ihn an mit einem langen, traurigen Blick.

Siehst du nun, daß wir nur geträumt haben vom Glück! schienen ihre ernsten Augen zu sagen.

Sie standen vor dem Lager des Gelähmten, sie zur Rechten, er zur Linken, und fühlten, daß sie an diesen Mann, von dem sie sich schon losgelöst geglaubt, angeschmiedet waren durch die unzerreißbaren Fesseln des Mitleids und der Pflicht.

Solange Grete in der Klinik weilte, war sie so eingelullt in Trauer, in Jammer um die armselige Menschheit, daß sie gar nicht den Mut hatte, über ihr eigenes Schicksal nachzugrübeln. Hier schien es wie Glück, gesund und mit geraden Gliedern herumgehen zu können.

Noch hoffte Eschhofen auf Genesung, ließ alle Heilversuche, die man anstellte, über sich ergehen und wollte vertröstet, beruhigt, unterhalten werden. Allmählich verlangte er voll Ungeduld nach Hause, in die Nähe seines Geschäfts, und da man ja eigentlich wußte, daß dem armen Mann nicht zu helfen war, erlaubten die Ärzte nach einigen Wochen den Transport nach Frankfurt.

Grete hatte durch Schmidt und Lüders das größte, an der Südseite liegende Zimmer, das eine Veranda besaß, für ihren Mann einrichten lassen, damit er Luft und Sonne hatte und sich nicht beengt fühlte. Als sich ihm allmählich die Erkenntnis aufdrängte, er würde nun so unbeweglich, auf fremde Hilfe angewiesen, liegen bleiben, kamen grauenhafte Wochen für Grete. Eschhofen hatte solche Wutanfälle, daß sie bei der geringsten Kleinigkeit, die ihn ärgerte, fürchten mußte, er würde sie mit den Händen, die er ja gebrauchen konnte, schlagen, würgen. Was in seiner Nähe war, schleuderte er, wenn ihn der Zorn packte, an die Wand. Kein Wärter wollte trotz guter Bezahlung die schlechte Behandlung ertragen; Grete mußte sich immer wieder nach einem neuen Pfleger umsehen. Es waren noch immer heiße, gewitterschwüle Tage, und manchmal rang sie in der Abendstunde, todmüde, in dumpfer Verzweiflung, die Hände und dachte: Wenn nur einer dieser Blitze uns träfe und dieser Qual ein Ende machte!

Als die Luft kühler wurde, beruhigte sich die maßlose Ungeduld des Kranken. Eschhofen fing wieder an, sich um sein Geschäft zu kümmern. Er ließ die Angestellten kommen, um mit ihnen zu verhandeln. Grete hatte den Eindruck, daß sie alle mit Grauen auf den gelähmten Chef sahen, daß aber keiner wirkliche Anhänglichkeit besaß.

Ein wundervoller blauer Herbsttag war's, an dem eine wichtige Besprechung mit dem Teilhaber stattfinden sollte.

Grete fühlte das schwere Klopfen ihres Herzens, als sie in ihrem Wohnzimmer den geliebten Mann erwartete, dem heute eine ernste Entscheidung vorgelegt werden mußte.

Blaß von der Pflege, mit dunklen Schatten unter den Augen, stand sie am Fenster und schaute trostlos hinaus in die leuchtende Sonne, in der fröhliche Menschen in Feiertagsstimmung vorübergingen.

»Was soll nun werden? Aus uns werden?« Das war seine erste Frage, während seine Hand die ihre umklammerte.

Sie schüttelte traurig den Kopf.

»Grete«, rief er leidenschaftlich, »haben Sie vergessen, daß Sie sich schon frei gemacht hatten, daß Sie das Recht zu besitzen glaubten, diese unglückselige Ehe zu lösen?«

Die Tränen traten ihr in die Augen, und mit verschleierter Stimme bat sie: »O, nicht daran erinnern! – Ich darf ja nicht mehr denken, daß ich mich schon frei gefühlt habe! Sie wissen ja selbst, Max, daß ich nicht mehr fort kann, nicht mehr fort darf! Sie selbst würden mich verachten, wenn ich den Hilflosen im Stich ließe, den Bejammernswerten! Noch bin ich seine Frau und muß ausharren. Ich kann doch nicht anders!« schluchzte sie.

»Er hat Ihr Opfer nicht verdient, und Sie haben doch ein Recht an Ihr eigenes Leben!« warf er ein mit zärtlichem Flehen.

Er nahm wieder ihre müde herabhängende Hand in die seine und blickte sie an mit so heißer, sehnsüchtiger Liebe, daß sie sich ihm mit einem Aufstöhnen an die Brust warf:

»Mach es mir nicht so schwer!« rief sie leidenschaftlich. »Du fühlst ja doch selbst, daß wir nicht mehr an uns, an unser Glück denken dürfen, daß die Kette unzerreißbar ist.«

Er hielt sie fest in den Armen und flüsterte leise an ihrem Ohr: »Weißt du, Grete, wie es kommen wird, wenn du bleibst? Dann kommt der Tag, an dem wir uns schämen, diesen Augen da drinnen auf dem Krankenlager zu begegnen, wo wir als Schuldige hier herumschleichen und unsere Liebe wie eine dunkle Heimlichkeit verbergen möchten, und doch nicht hindern, daß die bösen Zungen sich das Märlein zuflüstern: von dem Kompagnon und der Frau des gelähmten Mannes. ... Davor graut mir! Ich hätte den Mut gehabt, ihm offen zu sagen: Ich liebe Ihre Frau und darum trennen sich unsere Wege. Aber diesen Unglücklichen betrügen, das mag ich nicht; ich will nicht vor ihm erröten und die Augen niederschlagen, Grete. Du kannst ja auch nicht lügen. – So muß ich denn fort, wenn du bleibst. Weit fort. Weil ich kein Heiliger bin und weil ich dich namenlos lieb habe!«

Sie nickte traurig. »Fort, weit fort!« wiederholte sie mit zitternden Lippen. Dann schellte der Kranke zornig, und sie mußte sich schnell die Augen trocknen und in sein Zimmer eilen.

»Was ist denn mit Schmidt? Warum kommt er nicht? Warum steckt ihr wie die Verschwörer beisammen?« schrie er aufgebracht.

»Er ist ja da, Emil, rege dich nur nicht auf«, sagte sie sanft.

»Wie denken Sie sich die Zukunft unseres Geschäfts?« rief er dem Kompagnon entgegen. »Wenn ich – der Teufel soll's holen, nicht von der Stelle kann? Nun müssen eben Sie die ganze Arbeit auf sich nehmen. Ich habe mir gedacht: Wir wollen die Geldangelegenheiten und so weiter, alles, was ich bisher zu tun hatte, vorher miteinander besprechen; wenn Sie der führende Vertreter sind und meinen geschäftlichen Rat einholen, dann könnte es doch vielleicht gehen.«

Max Schmidt schwieg. Eine große Versuchung trat an ihn heran. Er fühlte Gretes Nähe; er sah ihr liebes, junges Gesicht, das sich mit einem Ausdruck heißer Spannung auf ihn richtete.

Alles, was er ersehnte, lag in diesem Augenblick in seiner Macht. Er konnte der Herr des Geschäfts werden, denn welchen Einfluß besaß denn noch der Gelähmte, der ganz auf ihn angewiesen war? Täglich durfte er mit Grete zusammen sein. Ihr Lächeln würde ihn grüßen. Die Unabhängigkeit, die er begehrt hatte, und die Frau, die er liebte, wurden sein, wenn er einwilligte, wenn er rücksichtslos nahm, was sich ihm bot.

Aber er begegnete den lauernden Augen Eschhofens und meinte schon jetzt den Argwohn in ihnen zu lesen, eine mißtrauische Eifersucht. Nun wußte er wieder, daß er es nicht ertragen könnte, sich diesem Mann gegenüber im Unrecht zu fühlen. Der Moment des Zögerns war vorüber.

»Herr Eschhofen«, sagte er, »ich bin Architekt, kein Geschäftsmann. Das haben Sie mir schon so oft versichert, daß ich's wohl glauben muß. Sie wissen auch, wie viele Bauten wir im Ausland auszuführen haben. Wie sollte ich also die Stellung übernehmen, die Sie mir einräumen möchten?«

Eschhofen richtete sich mit einem zornigen Ruck auf, soweit sein Körper gehorchte.

»Wissen Sie, was ich tun werde? Wenn Sie mich in dieser Weise im Stich lassen, dann verkaufe ich mein Geschäft an eine Aktiengesellschaft. Ob Sie gut abschneiden, wenn wir schon jetzt die Teilhaberschaft lösen, das weiß ich nicht. Aber Sie nehmen ja auch keine Rücksicht.«

»Sie müssen tun, was Sie für das Richtige halten«, sagte Max.

»Sie sind ein Narr!« brummte Eschhofen.

»Vielleicht! Vielleicht ein Narr!« wiederholte Max mit ernster Betonung und schaute traurig zu Grete auf. – – –

Es gab wochenlang Konferenzen, Unterhandlungen und Sitzungen im Krankenzimmer. Grete hatte ihr Leben lang nicht so viel von Baugründen, von Häusern, Hypotheken und Geldangelegenheiten sprechen hören.

Ach, es war für sie ein letztes, wehmütiges Glück, das geliebte dunkle Gesicht zu sehen, die Stimme zu hören, die schönen schlanken Hände, die Van-Dyck-Hände, zu betrachten, die sie so gern gestreichelt hätte.

Auch der Spätherbst brachte noch klare Tage und wundervolle, sternenhelle Nächte. Wenn sie an das Fenster trat, um in der reinen Luft aufzuatmen, dann packte sie oft das Heimweh, als müßte sie aufschreien vor Qual. Und dann kam der Abschied von Max, der nach Rußland reiste.

Sie hatten mit Lüders zusammen in ihrem Atelier den Tee getrunken. Eine Stunde lang wollte sie noch, fern von dem schrecklichen Krankenzimmer, in dem sie jetzt ihre Tage verlebte, mit ihm zusammen sein. Aber sie wagte ja kein Alleinsein. Sie durfte nicht alle Selbstbeherrschung verlieren.

Als Max ihr zum letztenmal die Hand gegeben hatte, als das letzte Lebewohl gesprochen war, als sich die Tür hinter ihm geschlossen hatte, da rettete auch die Gegenwart des Freundes die arme Grete nicht vor einem Anfall wilder Verzweiflung.

»Rufen Sie ihn zurück, Lüders!« schluchzte sie fassungslos. »Er soll nicht fort! Ich kann nicht von ihm lassen! Ich will nicht leben ohne ihn! Soll ich denn zugrunde gehen vor Sehnsucht?«

Der kleine Lüders drückte sie sanft auf ihren Stuhl zurück, hielt ihr die Hände wie einem kranken Kind und tröstete:

»Stark sein, Grete!« Weinen Sie sich aus und dann sind Sie wieder mutig und gut. Man lernt tragen, was man tragen muß!« fügte er mit leiser, bewegter Stimme hinzu.

In ihrem eigenen Schmerz verstand Grete erst so ganz den melancholischen Zug in dem ernsten, blassen Gesicht des treuen Freundes, verstand sie mit Beschämung, wie viel Entsagung sie von diesem lieben Menschen gefordert hatte.

»Ach, Lüders«, sagte sie mit umflorter Stimme, »nun sind Sie der einzige Kamerad, der bleibt! Aber auch Sie werden dieses Unglückshaus bald verlassen, und ich kann es Ihnen nicht verdenken, wenn es Sie fortzieht nach München in den alten lustigen Kreis. Dann bin ich ganz allein in diesem Jammer.«

»Ich gehe ja nicht, wenn Sie mich nicht fortschicken. Soviel ich brauche, verdiene ich auch hier. Wissen Sie noch, wie ich einmal den Löwen der Bavaria gespielt habe? Ein armer Löwe, der ja eigentlich nur ein Pudel war. Aber für den Pudel da eigne ich mich ganz gut.«

Sie fühlte, wie er sich Mühe gab, ihre Gedanken abzulenken, sie zu erheitern.

»Sie sind ein so lieber Kerl, Lüders. Ich verdien' es gar nicht, daß Sie mich so gern haben. Früher, da waren Sie noch manchmal ein bißchen eifersüchtig und brummig und bös. Aber nicht wahr, jetzt fühlen Sie wohl, daß Sie nur Mitleid mit mir haben müssen?«

»Ich habe verzichtet, Grete, auf eigenes Glück!« sagte er ernst. »Mein Leben ist mir ganz gleichgültig; schon längst. Es hat sein Gutes, wenn man, wie die Alten, nur mehr zuschaut, nichts mehr hofft, nichts mehr erwartet. Wenn ich Ihnen noch ein bißchen helfen kann – das ist alles, was ich wünsche.« ...

Eben kam der Wärter angestürzt.

»Gnädige Frau! Der Herr will, daß Sie zu ihm kommen. Er ist in so schlechter Laune.«

»Wo bleibst du denn den ganzen Nachmittag?« rief Eschhofen ungeduldig. »Soll ich ewig allein sein mit diesem stupiden Menschen? Du mußt mir einen Brief schreiben.«

»Gern, Emil. Und dann spielt Lüders vielleicht eine Partie Schach mit dir«, sagte Grete ergeben mit ihren rotgeweinten Augen.

* *
*

Langsam, träge schleichen in einem Hause, in dem ein Siecher liegt, die Tage hin; wie ausgeschaltet scheint das Heim vom frischen Leben, das draußen weiterflutet; die Bekannten werden des Nachfragens müde und allmählich sinkt der Unglückliche und seine Umgebung in Vergessenheit. Und beim Rückblick wundert man sich dann doch, wie die Wochen, die Monate sich anreihten, dahinzogen in gleichmäßiger Trübseligkeit, in einem grauen Nebel.

Fast zwei Jahre waren vergangen, seit Grete mit dem gelähmten Mann zurückgekehrt war in die Wohnung, in der schon ihre gepackten Koffer standen, die sie für immer hatte verlassen wollen.

Sie tat ihre Pflicht; sie war eine geduldige Pflegerin; aber die frische Lebensfreude, die ihr Gesicht, ihre ganze Erscheinung belebt, die ihrem Wesen einen so besonderen Reiz verliehen hatte, schien wie erstorben. Müde Ergebenheit in das Schicksal sprach nun aus ihrer leiseren Stimme, aus ihren blasseren Zügen.

Eschhofen hätte auch einer Frau, die ihn liebte, die Pflege nicht leicht gemacht; er war rücksichtslos in seinem Egoismus und tyrannisierte mit seinen Launen von seinem Lager aus das ganze Haus. Anfänglich hatte er Grete überhaupt nicht aus dem Zimmer lassen wollen, bis der Arzt energischen Einspruch erhob und befahl, die junge Frau müsse jeden Tag an die Luft.

Es waren die Stunden des Aufatmens, wenn Grete mit Lüders vor die Stadt hinausging oder durch den Palmengarten schlenderte. Der treue Freund hatte sie nicht verlassen; er war der einzige, der ihr manchmal die Last abnahm, den Kranken zu unterhalten, ihm die Zeitung vorlas oder mit ihm eine Partie Sechsundsechzig spielte. Das Schach war für Eschhofen, der wegen Schlaflosigkeit viel Brom nehmen mußte und dessen Gedächtnis darunter litt, zu anstrengend geworden. Er interessierte sich allmählich nur mehr für Essen und Trinken; aber er war von ängstlicher Sorge für seine Gesundheit und tat gehorsam alles, was die Ärzte rieten, um sein armseliges Dasein zu erhalten.

Max Schmidt hatte als einer der Architekten der Aktiengesellschaft immer noch viele Aufträge, aber er ließ sich fast nur ins Ausland schikken. Nur zur Generalversammlung kam er nach Frankfurt zurück.

Diese flüchtigen Begegnungen waren die Ereignisse in Gretes freudlosem Leben, auch wenn sie Schmerzen aufwühlten, neue Sehnsuchtsqualen weckten. Die geliebten Augen schauten sie so traurig, so mitleidig und vorwurfsvoll an.

»Ich bin ein Heimatloser. Ich lebe nur im Hotel, mein Koffer, – das ist mein Behagen!« klagte Max. Sie wußte, er floh vor ihr, vor seiner Liebe, vor dem Glücksverlangen, das in ihnen beiden war, das nur in Schuld enden konnte.

Lüders wußte, wie groß das Opfer war, das Grete gebracht hatte, als sie bei dem Gatten blieb; nur er, der Vertraute, der Eschhofens Toben und Fluchen, seine harten, bissigen Worte mit anhörte, kannte ihr Martyrium. In seinem grenzenlosen Erbarmen mit ihr redete er ihr auch dringend zu, sich im Sommer doch wenigstens eine Woche der Erholung zu gönnen. Lierbach feierte im September seinen siebzigsten Geburtstag. Grete hatte sich schon ein paarmal an den Schreibtisch gesetzt, um, wie es ihr früher so leicht gelang, heitere Verse zu dichten. Seufzend gab sie es immer wieder auf.

»Mir fällt nichts mehr ein!« sagte sie traurig zu Lüders. »Ganz dumm und stumpfsinnig bin ich geworden!«

Aber eine Überraschung hatte auch sie sich für den Tag ersonnen. Sie wußte aus Trudels Briefen, wie sich die Schwester nach ihrem Mann sehnte, und daß sie doch nicht den Mut hatte, mit dem Vater, der so viel für sie getan hatte, über Waldemars Rückkehr zu sprechen.

Eine von ihnen beiden sollte wenigstens glücklich sein. So hatte Grete denn ihrem Schwager das Reisegeld geschickt und mit ihm in aller Heimlichkeit vereinbart, er sollte plötzlich unter den Gratulanten auftauchen, ohne daß seine Frau vorher eine Ahnung von dem Wiedersehen besaß. Gretes stiller Plan ging noch weiter. Sie wollte künftig der Schwester allmonatlich eine bestimmte Summe für den Haushalt schicken, damit diese traurige Trennung ein Ende nehmen konnte und die liebe Trudel wieder ihr eigenes Heim hatte.

Die eine Freude mußte sie doch wenigstens für sich beanspruchen dürfen: für die Ihren etwas tun zu können. Sie selbst brauchte ja nichts als das schlichte Kleid der Pflegerin.

Unzähligemal hatte sie in den Sommerwochen die Frage an Lüders gerichtet:

»Glauben Sie wirklich, daß ich es mir erkämpfen soll, heimreisen zu dürfen? Emil wird natürlich sehr ungehalten sein. Ist es nicht unrecht, wenn ich weggehe? Aber ich sehne mich doch so sehr über alle Maßen, die Meinen wiederzusehen, dem Vater die Hand zu drücken, dabei zu sein, wenn Waldemar ankommt –«

Der kleine Maler versicherte ihr immer wieder:

»Sie dürfen nicht bloß hinreisen zu dem Geburtstag – Sie müssen! Ihr Vater hat doch auch ein Recht an Sie. Ich schwöre Ihnen, daß ich Sie ersetzen werde, so gut ich irgend kann. Ich lasse mich anbrummen. Ich spiele Sechsundsechzig und verliere mit Gleichmut alle Partien. Aber Sie sollen auch nicht in einer Hetzjagd hin und her fahren. Gönnen Sie sich nur ein wirkliches Ausruhen.«

Grete war auch in diesen heißen Tagen so müde und schlaff, daß sie selbst fühlte, sie müsse andere Luft atmen, neue, frohe Eindrücke haben, wenn ihre Nerven nicht ganz versagen sollten. So ließ sie sich denn auch von dem Brummen und Stöhnen, von allen harten Vorwürfen ihres Mannes nicht zurückhalten und bestand auf der Reise.

Schon auf dem Bahnhof war es ihr zumute wie einer Gefangenen, die wieder den Hauch der Freiheit verspürt. Lüders hatte sie begleitet. In ihrer Vorfreude auf das Wiedersehen mit den Eltern, in der

Erregung, die ihr nun, in ihrem eintönigen Leben, eine Reise hervorrief, drückte sie ihm mit tiefer Rührung die Hand.

»Ach, Lüders! Was wäre aus mir geworden in dieser traurigen Zeit ohne Sie! Verzweifeln hätte ich müssen ohne Ihre Freundschaft! Alle, alle haben mich im Stich gelassen! Sie waren der Beste, der Treueste, der Selbstloseste! Ich werde Ihr Lob singen beim Vater, bei allen den Kollegen.«

Er lächelte beglückt; ein ganz verklärter Ausdruck war auf seinem ernsten, blassen Gesicht mit den melancholischen Augen.

Mehr verlange ich nicht. Wenn ich Ihnen wirklich etwas sein kann, Grete, das ist ja alles, was ich vom Leben begehre«, stammelte er in seiner Ergriffenheit.

* *
*

Wie ernst und traurig sie geworden war, das fühlte Grete erst so recht, als sie plötzlich wieder in den lustigen Kreis der Maler versetzt war. Eine andere Welt!

Die Eltern wohnten in diesem Sommer in der »Feldwies«, einem stillen Dörfchen am Chiemsee, nahe an den Bergen. Hier landete kein Dampfer, hier gab es keinen Bahnhof, keine Post. Nur Fischernachen, nur große heubeladene Kähne, die nach den Inseln fuhren, stießen vom Land, und einmal am Tage kam ein alter Briefträger von der nächsten Station und vermittelte den Verkehr. In einem kleinen Häuschen mitten in einem Obstgarten, mit Geranien auf der breiten Altane, wohnte Lierbach mit seiner Frau, mit Trudel und den Enkelkindern.

Grete hatte den Eltern ihren Besuch nicht vorher angekündigt; nun war sie ganz gerührt, wie tief es den Vater bewegte, als sie unvermutet zu ihm auf den Studienplatz kam und sagte: »Grüß Gott, Papa!«

»Meine Gretel ist wieder da!« rief er mit einem Aufleuchten der guten, lieben Augen. »Da ist der fade Siebziger doch auch für was nutz, weil er dich mir herbringt!«

Sie konnte seine Hand gar nicht wieder loslassen. O, der Heimatklang, der Ölfarbengeruch, die ländliche Stille; wie ihr das alles zu Herzen ging!

Trudel sah frisch und blühend aus und hatte auch ihr altes Lachen noch, trotz der Trennung von ihrem Gatten. Die beiden lustigen, lebhaften Kinder ließen keinen Trübsinn aufkommen, und sie war ja auch immer in dieser heiteren Atmosphäre geblieben. Wieder war man vollauf beschäftigt mit einem Fest, das für den Geburtstag vorbereitet wurde.

Das ganze Dorf half mit. Die Männer brachten Berge von Tannen aus dem Wald, die Frauen plünderten ihre bunten Gärtchen und die Kinder waren beim Girlandenwinden beschäftigt.

Grete hatte sich natürlich auch in der Scheune, wo man die Kränze und Girlanden band, an der Arbeit beteiligt; aber es ward ihr schwer, sich in den alten lustigen Ton zu finden. Sie war zu lange auf die Schwermut gestimmt gewesen, um diese übermütigen Scherze, dieses Lachen lange zu ertragen. Unbemerkt schlüpfte sie fort von der festlich gestimmten Gesellschaft und lief hinunter an das einsame Ufer, wo man nur das Glucksen der Wellen hörte, nur zuweilen ein Duckentchen durch das Schilf flatterte, wo man die Sonne versinken und die letzte Farbenglut verzittern sah, die sie noch über die weite Fläche hinzauberte. Diese traumhafte Stille! Diese Ostluft, die ihr über die blassen Wangen hinstrich!

Am Geburtstage verkündeten schon am Morgen Böllerschüsse den Beginn der Feier.

Eine Schar Kinder mit Blumenkränzen auf den Blondköpfen, voran die Enkel, die kleine Grete und der kleine Walter, die ganz tapfer ihre Verslein vor dem Großpapa aufgesagt hatten, holten nun den Jubilar ab, um ihn zum Ufer zu geleiten.

Der Chiemsee schien zum Dank dafür, daß ihn die Maler so oft verherrlicht hatten, heute mit ihnen im Bunde; er lag glatt und still, so blau und klar wie nur an einem schönen Septembertag, in seiner allergnädigsten Laune.

Und in Glanz und Sonne kam nun eine ganze Flotte heran.

Voran ein Wikingerschiff mit einem großen Drachen am Bugspriet, dahinter kleinere Nachen und Gondeln mit grünen Baldachinen, mit leuchtenden Büscheln von Malven und Georginen, mit flatterndem Schilf, mit bunten Wimpeln und goldenen Wappen auf glühendem Rot.

Der riesige Drache, alle die Blumenschiffe spiegelten sich in dem lichten Wasser; es war ein Geflimmer von Farben, ein Leuchten und Blitzen auf der blauen Fläche; in einem wundervollen Schimmer zog das eigenartige Bild näher und näher; von den Rudern perlten die silbernen Tropfen. Und nun klang vielstimmiger Gesang über das Wasser her, die Festhymne, mit der die Maler in dem großen Wikingerschiff ihren Meister begrüßten.

Lierbach hielt die Hände vor die Augen, als blendete ihn die Sonne. Er wollte nicht sehen lassen, daß es ihm feucht an den Wimpern hing, daß er ganz weich und gerührt war von der zauberhaften Schönheit.

Grete sah alle die wohlbekannten Gesichter wieder. Es kamen auch noch viele Kollegen, die ihr fremd waren; das Ufer war belebt von hellen Damenkleidern; es entfaltete sich ein buntes Treiben, wie es an dem einsamen Gestade wohl noch kaum gesehen worden war. Als letzter stieg ein schlanker Mann aus dem Blumenschiff, der den Hut tief in die Stirn gezogen hatte und der sich hinter dem Malerwappen verbarg, das Gröbler gravitätisch vorantrug.

Die Blechinstrumente setzten nun ein mit einem Tusch, und mit dem Gefeierten in der Mitte reihte man sich an zu dem Zug in das Dorf.

Der schlanke junge Mann, der zuletzt ausgestiegen war, schob nun den Hut zurück – ein lauter Jubelschrei erklang: Trudel und Waldemar lagen sich in den Armen. Grete hatte die Kinder an der Hand gehalten, die ganz scheu zu dem fremden Mann hinschauten, den die Mutter umschlang. Als er dann jubelnd den Sohn, die kleine Tochter in die Höhe hob, drückte sich Grete still beiseite. Sie wollte die Wiedervereinten ihrem Glück überlassen.

Sie war die einzige Traurige und Bedrückte an der Festtafel; nur wenn ihr Vater zu ihr hinblickte, zwang sie sich zu einem Lächeln. Abends schrieb sie noch einen langen Brief an Lüders:

»Es ist merkwürdig, wie sich hier alle gleich geblieben sind. Lachende, glückliche Kinder sind sie, diese Maler, die sich so wohlfühlen in dem einfachen Dörfchen, in der bäuerlichen Anspruchslosigkeit. Auch mein Vater mit seinen siebzig Jahren hat so frische, frohe Augen. Nur ich selbst bin eine müde alte Frau geworden. Ihnen will ich es beichten: Ich hatte mich doch selbst solange gefreut auf meine Überraschung. Und doch; als ich dann Trudels Seligkeit mit ansah, als sie miteinander dahingingen, Arm in Arm, die hübschen, herzigen Kinder an der Seite, da war ein bitteres Gefühl in mir. Vielleicht war es eine späte Erkenntnis: Einst habe ich Trudels Verliebtheit, ihre eigensinnige Heirat so töricht gefunden. Nun aber sage ich mir: Menschlich schön, menschlich recht ist es doch, wenn zwei sich vereinen in jungen

Jahren, die sich wirklich lieb haben, auch wenn die modernen Verhältnisse das zu verbieten scheinen. Eine sogenannte Vernunftheirat wie die meine, ohne inneren Zwang, ohne tiefere Sympathie, das ist wohl das Allerunvernünftigste.

Sie haben es mir ja damals gesagt, Lüders: Sie werden sich selbst untreu. Wie oft ich hier an Ihre Worte denken muß! – Aber ich rede immer nur von mir und will Ihnen doch sagen, wie groß mir hier das Opfer erscheint, daß Sie bei mir ausharren. Sie müssen zu meinem Vater kommen, sobald ich zurück bin. Er grüßt Sie tausendmal und dankt Ihnen mit mir, daß Sie es mir ermöglicht haben, ihn zu besuchen.«

Lüders las den Brief in seinem Atelier; er las ihn wieder, während er neben Eschhofens Ruhebett saß, der mit offenem Munde dalag und schlief. Eine müde alte Frau! Es war etwas in den Worten, was ihn tief erschütterte, ihm das Herz aufwühlte. Er sah das strahlende Mädchen wieder vor sich, das ihm die Verkörperung der Lebensfreude gewesen war; er sah die stolze Gestalt der Bavaria, zu der er so bewundernd emporgeschaut hatte. Dann überdachte er die glücklichen Jahre, als sie zusammen gemalt hatten wie gute Kameraden.

Wie gut er sich noch an seinen ersten Besuch bei Lierbachs erinnerte! Wie freundlich ihn Grete gleich begrüßt hatte; wie nett und gemütlich sie plauderte, daß im Nu seine quälende Schüchternheit verflog und er sich wie zu Hause fühlte!

Seit jenem Tage hatte er sie lieb. Und oft und oft hatte er in all den Jahren gedacht: er möchte irgendeine große Tat für sie vollbringen, sich opfern für sie, ihr mit Ungewöhnlichem seine Dankbarkeit beweisen. Aber was konnte er denn bisher für sie tun? Ja, er lebte nun hier, wo er niemand kannte; er half ihr ein wenig bei ihrem schweren Pflegedienst. Doch das war alles so klein, so alltäglich. Die Trübseligkeit ihres Schicksals konnte er ja doch nicht von ihr nehmen.

Nur eines wäre Befreiung, Errettung für sie: Wenn dieser Mann, der da vor ihm lag als armseliges Menschenwrack, endlich die Augen schlösse; wenn dieses erbärmliche Leben, das sich selbst und ihr zur Last war, zu Ende ginge! Ein sanftes Tränkchen, damit er nicht mehr erwachte, – wäre es nicht eine Wohltat auch für diesen Gelähmten, für den es keine Heilung mehr gab, der nur noch schrecklicheren Zuständen, gänzlicher Verblödung entgegenging? Wolf Lüders hatte sich erhoben und stand vor dem Ruhebett, schaute mit ernsten Augen auf den Schnarchenden, der mit gedunsenem Gesicht, den brutalen Mund weit offen, auf seiner Matratzengruft schlief, und sagte sich, daß er ihm ohne Gewissensbisse den Todestrank reichen könnte, und daß er auch den Mut besäße, sich offen zu seiner Tat zu bekennen, wenn sie entdeckt würde. Ja, ich hab's getan! Weil ich es menschlich fand, ihm fortzuhelfen!

Und wenn er auch ins Gefängnis müßte, wenn er auch seine Strafe für diese Menschlichkeit abzubüßen hätte, er tat es ja für sie. Er meinte zu wachsen bei dem Gedanken, daß er zum Verbrecher werden dürfte aus hingebender Liebe.

Aber dann sank sein hocherhobener Kopf wieder herab und er setzte sich traurig und niedergeschlagen in seinen Stuhl und seufzte.

Man würde ihm nicht glauben, daß er aus eigenem freien Entschluß gehandelt habe. Man würde flüstern und argwöhnen: Die Frau, die sich losmachen wollte, die frei und reich zu sein verlangte, war die Anstifterin, von der der Mordgedanke ausging.

Es ward ihm schwül vor Entsetzen bei der Vorstellung, daß Grete neben ihm auf der Anklagebank sitzen müßte, daß niemand sich von ihrer Unschuld überzeugen lassen wollte, auch wenn sie beide die feierlichsten Eide schworen.

Nein! Auf sie durfte kein Schatten fallen. Wenn es geschah, dann durfte niemand, auch sie selbst nicht, ahnen, daß hier dem grausamen Schicksal, das Blühende wegraffte und Krüppel am Leben erhielt, nachgeholfen worden war.

Ein Zufall mußte es scheinen. Und damit kein Zweifel blieb, gab es nur einen Beweis, den ernstesten: Der Freund mußte zusammen mit dem Gatten den dunklen Weg gehen.

Was lag denn an seinem Leben? Hatte er nicht seit seiner frühesten Jugend sich mit dem Gedanken vertraut gemacht, daß er freiwillig dem Dasein den Rücken kehren wolle, – den krummen Rücken, den er wie eine unerträgliche Last herumschleppen mußte.

Graute ihm nicht unsagbar vor dem Alter mit seinen Gebresten, vor der immer größer werdenden Vereinsamung, ohne rechtes Heim, ohne Angehörige? Hatte er sich nicht geschworen, daß er lieber freiwillig ein Ende machen wollte? Ob er ein paar Jahre früher oder später den Pinsel weglegte, was lag daran?

Aber plötzlich schoß es ihm heiß durch den Kopf: Du willst sie befreien für einen andern? Solange ihr Mann lebt, bist du ihr unentbehrlich. Du darfst in ihrer Nähe sein; du bist ihr Trost, bist ihr ein Stückchen Heimat! Wer weiß? Vielleicht siegt die Macht der Gewohnheit; vielleicht neigt sich endlich doch ihr Herz dem Getreuen zu, der bei ihr ausharrte, der diese bitteren Jahre mit ihr verlebte, der ihr näher stand als jeder andere?

Auf dem Heimweg in seine Wohnung träumte er von einer Möglichkeit des Glücks und wandte sich ab von dem dunklen Weg, den er schon vor sich gesehen, dem Leben zu.

Aber als er dann die Lampe angezündet hatte, fiel sein Blick auf den Spiegel, und er lachte höhnisch auf. Dich kann eine Frau nur bemitleiden, und Mitleid willst du nicht!

Als er am nächsten Tage wieder bei Eschhofen nachschaute, war gerade der Arzt da. Der Patient, der sich nicht wohlfühlte, hatte ihn rufen lassen. Lüders begleitete ihn hinaus und fragte leise:

»Sagen Sie, Herr Doktor, es ist doch keine Veränderung eingetreten? Nichts Bedenkliches? Ich habe der gnädigen Frau versprechen müssen, sofort zu telegraphieren, wenn –«

»Aber nein. Er hat ein bißchen zu viel Hummermayonnaise gegessen. Eine kleine Magenverstimmung, die nichts zu bedeuten hat. Bei der sorgsamen Pflege kann der arme Mann noch ein Jahrzehnt so daliegen.«

»Noch ein Jahrzehnt!« Lüders murmelte die Worte entsetzt vor sich hin. Bis dahin war Gretes Jugend verblüht, ihre Kraft so erschöpft, daß sie sich nicht wieder aufzuraffen vermöchte zur Freude am Leben. Ein Jahrzehnt sollte sie noch so weiterhausen zwischen den beiden Krüppeln! – Arme, arme Grete!

Am Abend nahm er wieder seinen Brief vor und überlegte lange jedes Wort, ehe er es mit seiner schönen zeichnerischen Schrift auf den Bogen setzte:

»Sie haben mir große Lust gemacht, Frau Grete, die bayrischen Berge, den lieben alten Kreis wiederzusehen, vor allem Ihren jungen Siebzigjährigen, dem ich doch auch die Hand drücken will. Ich habe mir schon die Leinwand hergerichtet für die Studie in Feldwies. Hier ist alles beim alten. Ein bißchen warm. Aber ich liebe die Sonne und lasse sie mir gern auf den Buckel scheinen wie ein alter Kater. Ihr Mann ist geduldiger als sonst; er behandelt den Wärter und mich besser als seine brave Pflegerin, wahrscheinlich weil er weiß, daß wir beide ihm weglaufen können, wenn er nicht artig ist. Aber seien Sie ganz ohne

Sorge: Ich bleibe auf meinem Posten und halte gute Wache. Eilen Sie nur nicht zu sehr nach Hause; Sie wissen ja, wie schwer Sie sich wieder losmachen, wenn Sie im alten Trab sind. Und bitte schreiben Sie mir, wann Sie hier ankommen. Ich erwarte Sie dann auf dem Bahnhof und freue mich, wenn ich frischere Farben auf Ihren Wangen sehe.

Ihr getreuer Wolf, der aber gar kein Wolf, sondern nur ein ergebener, braver Pudel ist.«

Er schaute lange auf das Blatt und hätte ihm gern noch viele zärtliche Worte anvertraut. Aber jeder wärmere Klang hätte ja verraten können, daß er Abschied nahm. Und sie selbst, alle, denen sie den Brief zeigte, sollten doch überzeugt sein, daß er bestimmt auf ein Wiedersehen gerechnet hatte, als er schrieb. ...

Wolkenlose blaue Septembertage waren Grete beschieden, als wollte die Heimat sich ihr im strahlendsten Licht zeigen. Manchmal, wenn sie in das sonnig glitzernde Wasser hinausschwamm, dann kamen köstliche Momente des Vergessens über sie, in denen sie sich eins fühlte mit der Natur, losgelöst von aller Schwere, wie eingelullt von dem Gesang der Wellen.

Ihr Vater, den es tief betrübte, wie ernst und still seine ehedem so lebensprühende Tochter geworden war, brachte ihr eines Morgens eine aufgezogene Leinwand und sagte:

»Jetzt gehst mit mir auf den Studienplatz! Probier's nur einmal und mal wieder ein Skizzerl! Das ist besser als immer so allein hinsinnieren.«

Sie saß gern neben dem Vater wie in früherer Zeit. Anfänglich waren ihre Finger recht ungeschickt, da sie solange keinen Pinsel mehr angerührt hatte; allmählich aber packte sie doch der Eifer.

»O mein, Gretel!« sagte Lierbach einmal, »wenn ich dich nur auch wieder zu mir nehmen könnt' wie die Trudel. Wenn du nur dableiben dürftest!«

Sie seufzte und nickte ihm traurig zu.

»Ach, Papa! Ich hab' eben gedacht, daß ich morgen unbedingt fort muß. Eigentlich hätt' ich ja schon heut zusammenpacken sollen. Am Sonnabend löse ich sonst den Pfleger ab, damit er den Abend für sich hat und die Nacht ruhig schlafen kann. Mit Geld und guten Worten hab' ich ihn dazu gebracht, das letztemal zu verzichten. Nun will ich doch wenigstens Sonntag wieder zu Hause sein, damit er da frei ist. Den Pfleger muß man behandeln wie ein rohes Ei.«

»Das glaub' ich schon. Aber schad' ist's. Ich wollt' halt, du wärst überhaupt nie nach Frankfurt 'zogen! Das Rechte war's ja doch nicht, und es liegt mir oft schwer auf dem Herzen, daß meine zwei Mädeln mit dem Heiraten gar kein Glück gehabt hab'n.«

»Schau, Papa, bei der Trudel ist's eigentlich noch besser ausg'fallen, als man geglaubt hätt'!« fing Grete an, die gerade die Gelegenheit günstig fand, um für die Schwester ein gutes Wort einzulegen. »Ihr Mann soll aber jetzt auch hierbleiben. Die Kinder dürfen nicht ohne Vater aufwachsen, und die beiden haben sich ja immer noch so gern!«

»Ja, zärtlich sind s', wie wenn s' gestern geheirat't hätten! Mir scheint auch, daß der Waldemar in Amerika das Arbeiten und Rechnen g'lernt hat. Vielleicht geht's jetzt doch. Ja, ja, die eine Sorg' wär' man ein bissel los. Aber die andre! Um dich, mein gut's Kind!«

»Mir ist schon viel leichter ums Herz, weil ich nur wieder daheim, bei euch war!« sagte Grete mit einem tapferen Lächeln.

Auf dem Rückwege ins Dorf begegnete sie dem alten Postboten, dem sie ein Telegramm an Lüders mitgab: »Bin Sonntag in Frankfurt.«

Noch ein letzter strahlender Sonnenuntergang, ein blauer, klarer Morgen, die ihr den Abschied schwer machten!

Absichtlich hatte sie die Stunde ihrer Ankunft im unklaren gelassen, weil sie wußte, daß Lüders das Umsteigen in die Pferdebahn anstrengte und sie es ihm unmöglich machen wollte, sie abzuholen. So wurde sie denn auch nicht erwartet. Als sie dem Kutscher ihre Straße, die Nummer nannte, schaute er sie so seltsam an. Er sagte nichts und sie fragte auch nicht; aber ein dumpfes Bangen war in ihr, wie man es so leicht bei einer Rückkehr empfindet, wenn man mehrere Tage lang keine Nachricht mehr bekam.

Das Bangen steigerte sich zu einer schweren Beklemmung, als auf ihr Klingeln niemand kam, um ihr Gepäck zu holen, als sie die Treppe hinaufeilte. Sie hätte nicht zu sagen gewußt, woran es lag, aber sie hatte einen Eindruck der Verstörung. Der Teppich war nicht gekehrt, abgefallene Blumenblätter auf den Stufen fielen ihr auf und es roch so sonderbar. – Dann kamen ihr fremde Herren entgegen mit ernsten Mienen. – Sie lief immer rascher den letzten Absatz hinauf. Die Tür stand offen, die ganze Dienerschaft war im Flur versammelt, aufgeregt, die Mädchen mit verweinten Augen.

»Die Frau! – O Gott, o Gott! – Die Frau Eschhofen!« rief der Wärter, als sie eintrat, mit erschrockenem Ton, mit ganz verblaßtem Gesicht.

»Hawe Sie denn das Telegramm schon gekriegt, Madam?« fragte das Stubenmädchen. »Awer das is ja gar nicht möglich.«

»Um Gottes willen! Was ist denn?« stieß Grete hervor und hatte das Gefühl, als brächte sie gar keinen Ton heraus wie in einem schweren Traum.

»Ich bin schuldlos«, beteuerte der Wärter. »Ich hab' es dene Herrn vom Gericht ach gesogt.«

Grete stürzte vorwärts, immer noch mehr geängstigt von diesem Geruch von Gas und Äther, der ihr entgegenschlug. Hinter ihr drein gingen die weinenden Dienerinnen und der verstörte Pfleger.

In dem großen Raum brannten im hellen Tageslicht flackernde Wachskerzen; die Fenster standen offen. Ihr erster Blick fiel auf das Bett, auf dem, wie sonst, ihr Gatte lag. Aber es war nicht mehr der qualvolle, gereizte Ausdruck in seinem Gesicht, nicht mehr die mißmutige Falte, die seinen Mund herabgezogen hatte. Blaß und ergeben ruhte er auf dem Kissen in friedlicher Erlösung.

Ihr Herz, das eben noch so laut gepocht hatte, fühlte den Hauch dieses Friedens. Aber dann wendete sie sich um und schrie in jähem Schmerze auf. Wie schlafend lag ihr kleiner Freund auf dem Ruhebett. Seinen Körper verhüllte die Decke und der ernste Kopf mit dem dichten Haar sah schön und vornehm aus in seiner starren Blässe: Mit einem Zug der Größe, dem sieghaften Ausdruck des Überwinders.

Sie sank mit einem heißen Aufschluchzen vor dem Toten nieder. Wie aus weiter Ferne hörte sie den Bericht des Wärters:

»Herr Lüders hat selbst die Nachtwach übernehmen wollen; er hat's nicht anders getan. Ich sollt' partout meinen freien Abend haben. Der Herr ist ja auch in der letzten Zeit recht unruhig gewesen, und ich muß sagen, wie es ist: Wie ich in mei'm Zimmer war, hab' ich gleich geschlafen wie ein Sack. Ich hab' mir auch nix dabei gedacht, daß um 8 Uhr früh nicht wie sonst geschellt worden ist. Aber endlich bin ich doch an die Tür und hab' leise geklopft. Und da hab' ich den Gasgeruch gerochen. Wie es da immer noch still geblieben ist, bin ich freilich hinein und hab' gemeint, mich trifft der Schlag: So wie jetzt sind sie alle zwei dagelegen! Ich stürz' gleich an das Fenster und reiß' es auf, und wie sie sich gar nicht gerührt haben, die Trepp' hinunter und zum Doktor! Der war zum Glück zu Haus. Eine Stund' lang hat er Wiederbelebungsversuche gemacht, aber es hat nix geholfe. Er hat sich auch nicht denken können, woher das Gas gekommen ist, denn der

Hahn war zu. Die Herren vom Gericht, die eben da waren, haben dann geglaubt, es käme aus dem Boden. Erst zuletzt hat einer an dem Schlauch von der Bettlampe einen Riß entdeckt. Der muß erst geplatzt sein, denn am Abend hat man nix von einem Geruch bemerkt, und der Herr Lüders muß doch auch eingeschlafen sein. Wenn unser Herr sich nicht so vor der Nachtluft gefürchtet hätt', daß man hätt' ein Fenster aufmachen dürfen, nachher wär' das ganze Unglück nicht geschehen.«

Grete erhob sich langsam und heftete die brennenden Augen auf die Züge des toten Freundes, als müsse sie von der blassen Stirn die Lösung des düsteren Rätsels lesen. Aber solche Erhabenheit, so feierliche Würde verklärte das dunkle Haupt, daß ihr alle Gedanken erstarben in tiefer, herzzerbrechender Trauer um diese verlorene große Liebe.

Als sie dann allein blieb in dem Totengemach, in dem die Kerzen flackerten und die Blumenkränze, die man schon niedergelegt hatte, dufteten, da drückte sie, erschüttert, den ersten Kuß auf die stummen Lippen des toten Freundes, – den Kuß, den sie ihm im Leben nie vergönnt hatte.

* *
*

Max Schmidt war Tag und Nacht gefahren, um zum Begräbnis seines ehemaligen Kompagnons rechtzeitig einzutreffen. Er mußte von der Bahn weg auf den Friedhof eilen. Aber als die Trauerfeier vorüber war, sprang er in einen Wagen, um Grete zu sehen, Grete, die nun Witwe geworden war. Ihr Vater, ihr Schwager, mehrere Maler waren nach Frankfurt gekommen, um auch Lüders die letzte Ehre zu erweisen. Max hatte ein so heißes Verlangen, sie allein zu treffen, daß er sich in leidenschaftlicher Hast von allen losgerissen hatte, daß er die Treppe zu ihrer Wohnung atemlos emporrannte.

Mit verstörten Augen schaute sie ihn an, aufgelöst in Jammer.

Er hatte sie in die Arme schließen wollen mit einem heißen Schrei: Endlich, endlich bist du frei geworden! Aber vor diesem blassen, todtraurigen Gesicht stammelte er nur tröstend:

»Grete, Sie haben Ihre Pflicht getan bis zuletzt. Sie müssen sich doch sagen, daß dieser Tod eine Erlösung war für den Unglückseligen, für Sie – für uns alle!«

»Eine Erlösung für ihn, ja!« wiederholte sie ernst. »Aber mein

Freund, mein bester Freund ist mit gestorben. Mir kommen manchmal so bange, furchtbare Gedanken.«

Sie hatte die Hände im Schoß liegen und saß da, ganz still und bleich in ihrem Trauergewand, wie eine Schuldbeladene, mit einem so starren, angstvollen Ausdruck auf dem verweinten Gesicht, daß Max sich besorgt zu ihr neigte:

»Sie müssen fort von hier. Ihr Vater soll Sie mitnehmen. Er wird nun gleich zu Ihnen kommen. Wir werden keinen Moment mehr allein sein. Grete, haben Sie denn keinen Blick mehr für mich? Seit sechsunddreißig Stunden bin ich unterwegs und habe kaum geschlafen, weil ich in dem Hämmern und Sausen des Zuges nur immer die Melodie hörte: Sie ist frei! Sie ist frei!«

»Ich kann nichts mehr denken, nichts mehr hoffen, muß nur immer weinen um meinen armen Freund, der mich so lieb gehabt hat, so selbstlos lieb!« murmelte sie. »Ich habe nur einen Wunsch: Fort von hier, fort aus dieser kalten Pracht! Auf eine Berghöhe will ich, und ganz still, ganz einsam droben sitzen und hinabschauen in die ferne, verdämmernde Welt. Vielleicht wird der frische Wind mir die Beklemmung fortwehen – Vergessenheit bringen!«

Sie sah nun zu ihm auf und zwang sich zu einem wehmütigen Lächeln:

»Vielleicht werde ich in der Heimat doch die alte Grete wieder, die Sie lieb gehabt haben, Max!«

*

Hinweis:
Rechtschreibung, Grammatik und Interpunktion von Emma Haushofer-Merk entsprechen dem damaligen Gebrauch.

Nachwort

von Ingvild Richardsen

»Die Lierbachs-Mädeln«: Münchner Malerkreise und der Chiemsee – Ein Gegenbild im Ersten Weltkrieg

Emma Haushofer-Merk (1854–1925) war eine Münchner Berühmtheit ihrer Zeit. Als ihr »Münchner« Roman »Die Lierbachs-Mädeln«[1] während des Ersten Weltkriegs erscheint, ist sie 63 Jahre alt und eine in ganz Bayern bekannte Schriftstellerin und Frauenrechtlerin.

Betrachtet man den Titel des Buchs so mag die Wortwahl für heutige Leser verstaubt, nach Heimatfilm und vergangenen, guten alten Zeiten klingen. Seltsam mutet der Titel auch an, wenn man sich vergegenwärtigt, dass der Roman 1917 veröffentlicht wurde, also in einer Zeit, in der gerade der Erste Weltkrieg durch Europa tobte. Führt man sich dann noch vor Augen, dass Emma Haushofer-Merk zum damaligen Zeitpunkt ja nicht nur eine äußerst erfolgreiche Münchner Schriftstellerin war, sondern auch eine in ganz Süddeutschland bekannte und geschätzte Frauenrechtlerin, fragt man sich wie es zu diesem doch eher bieder anmutenden Titel gekommen ist. Auf den ersten Blick und aus der heutigen Perspektive scheint das alles nicht miteinander zu harmonieren. Doch – der erste Eindruck trügt.

Die Schriftstellerin und Frauenrechtlerin Emma Haushofer-Merk

Dass Emma Haushofer-Merk ihr Licht meist unter den Scheffel stellte, zeigt ihre Selbstbeschreibung aus dem Jahr 1913 in Wilhelm Zils' Buch Geistiges und künstlerisches München in Selbstbiographien. Mit 59 Jahren skizzierte sie hier ihr Leben in aller Kürze und Bescheidenheit. Ihre wenigen Zeilen über sich selbst beschloss sie mit: »Ich habe seit Jahren für die gelesensten Zeitungen geschrieben, und wenn ich mich auch nicht zu den ›Großen‹ unter den weiblichen Autoren rechnen darf, ich bin's zufrieden, daß so mancher in nah und fern meine Geschichten zur Hand nehmen und sich von ihnen eine Stunde kürzen lassen mag.«[2]

[1] Haushofer-Merk, Emma: Die Lierbachs-Mädeln. Münchner Roman. Hermann Hillger Verlag Berlin/Leipzig [1917].

[2] Zils, Wilhelm (Hg.): Geistiges und künstlerisches München in Selbstbiographien, München 1913, S. 149.

Tatsächlich war Emma Haushofer-Merk eine herausragende Frauengestalt Bayerns. Modern und emanzipiert in ihrer Lebensweise und als Münchner Schriftstellerin und Frauenrechtlerin im ersten Drittel des 20. Jahrhunderts weit über Bayerns Grenzen hinaus bekannt.[3]

1924 wurde ihr früher Erfolg als Schriftstellerin so kommentiert: »Frau Emma Haushofer-Merk gehört zu jenen Lieblingen des Schicksals, denen schon in der Jugend frühe Lorbeeren zuteil geworden sind. Ihr flüssiges Erzähltalent, die leichte Faßlichkeit ihrer Probleme eröffneten ihr ein rasches und reiches Absatzgebiet.«[4] 1875, mit 21 Jahren, veröffentlichte Emma Merk ihre erste Novelle. In den 1880er- und 1890er-Jahren publizierte sie bereits in Zeitschriften wie »Die Bibliothek der Unterhaltung und des Wissens, Die Gartenlaube oder in Vom Fels zum Meer«.[5] Themen ihrer frühen Novellen sind die Beziehungen zwischen Mann und Frau, aber auch Münchens Sitten. Kennzeichnend für ihr Schreiben ist von Beginn an die psychologische Perspektive. 1886, sie ist 32, erschien ihr Debütroman »Ein Liebestraum« in der Deutschen Romanbibliothek. 1893 veröffentlichte sie zusammen mit dem Grafiker Emanuel Spitzer (1844–1919) unter dem Titel »Evas Töchter« einen prachtvollen Kunstband und demonstrierte humorvoll bürgerliches Frauenleben im Fin de Siècle.

Emma Merk selbst führte zu jener Zeit bereits ein ganz anderes Leben als die typische bürgerliche Frau ihrer Zeit. Sie war Junggesellin und kinderlos, hatte aber einen festen Freund, den Witwer und dreifachen Vater Max Haushofer (1840–1907), Professor der Nationalökonomie, Politiker und Dichter.[6] Mit ihrem Schreiben finanzierte sie

[3] »Zu Emma Haushofers Leben als Schriftstellerin und Frauenrechtlerin siehe: Ingvild Richardsen: Die Schriftstellerin und Frauenrechtlerin Emma Haushofer-Merk – ›Carpe diem‹«, in: Emma Haushofer-Merk: Alt-Münchner Erzählungen. Texte der Erstausgaben, herausgegeben und mit einem Vorwort und Nachwort versehen von Ingvild Richardsen, Reihe edition monacensia, München 2015, S. 186–246.

[4] Graf-Lomtano, Josephine: Ein dreifaches Jubiläum im Münchner Schriftstellerinnenverein, in: Süddeutsche Frauenzeitung, 5. Jahrgang, Nr. 24, 1924 (Stadtarchiv München / Vereine 2168).

[5] Haushofer-Merk, Emma: Wie ich zur Literatur kam, in: Münchner Neueste Nachrichten, Nr. 160 von 1924. S. 27 (Stadtarchiv München / Vereine 2168).

[6] Haushofer, Max: Lebensgeschichte, Manuskript. S. 18f. (Privatarchiv Haushofer). Zeitgenössische Darstellungen über Leben und Werk bieten: Garleb, Ernst: Ein deutscher Dichter an der Wende des Jahrhunderts, Leipzig 1897;

sich selbst und verkörperte damit schon damals den Typ der emanzipierten Frau. Noch vor der Jahrhundertwende veröffentlichte sie mehrere Novellenbände und schrieb auch für »Die Jugend« und den »Simplicissimus«. Um 1900 war Emma Merk eine bekannte und anerkannte Münchner Autorin.

Noch vor 1900 begann sie auch als Frauenrechtlerin zu agieren. 1894 hatten Anita Augsburg und Sophia Goudstikker in München den späteren »Verein für Fraueninteressen e. V.« (1899) gegründet. Emma Merk war nicht nur an diesem Prozess beteiligt, sondern von Beginn auch an vorderster Front jahrzehntelang im Vorstand tätig. Der Verein zeichnete maßgeblich dafür verantwortlich, dass die bürgerliche Frauenbewegung auch in Bayern Fuß fasste. Deren Anfänge lagen im Jahr 1865 mit der Gründung des »Allgemeinen Deutschen Frauenvereins« (ADF) durch Louise Otto Peters und Auguste Schmidt in Leipzig. Die Vertreterinnen dieser Frauenbewegung griffen die traditionellen Rollenvorstellungen im Bürgertum an und traten für mehr Rechte für bürgerliche Mädchen und Frauen ein, für das Recht auf Bildung und Erwerbstätigkeit, für gleichberechtigte Teilhabe am öffentlichen Leben und der Berufswelt und für gleiche und gerechte Entlohnung.[7] Der Münchner Verein wurde zum Fürsprecher dieser Forderungen in Bayern und verfolgte um 1900 als oberstes Ziel die Förderung der weiblichen Selbstständigkeit und finanziellen Unabhängigkeit.[8] Auch bedeutende männliche Münchner Persönlichkeiten, Schriftsteller, Künstler, Ärzte, Professoren und Anwälte unterstützten die Ziele der Frauenrechtlerinnen. Unter den 28 Männern der ersten Mitgliederliste (1897) finden sich so bekannte Namen wie Max Haushofer, Rainer Maria Rilke, Ernst von Wolzogen, Herman Obrist, August Endell oder Carl von Thieme, der

Brachvogel, Carry: Max Haushofer, in: Das literarische Echo. 9. Jahrgang 1906–1907, Heft 1 (1. Oktober 1906). S. 6–13 mit einem Porträt von Max Haushofer.

7 Zur bürgerlichen Frauenbewegung: Frevert, Ute: Frauen-Geschichte. Zwischen bürgerlicher Verbesserung und neuer Weiblichkeit, Frankfurt am Main 1986; Beuys, Barbara: Die neuen Frauen – Revolution im Kaiserreich 1900–1914, München 2014.

8 Zur Frauenbewegung in Bayern und München vgl. Lindemann, Renate: 100 Jahre Verein für Fraueninteressen, in: 100 Jahre Verein für Fraueninteressen, herausgegeben vom Verein für Fraueninteressen e. V., München 1994, S. 1–102.

General-Direktor der Münchener Rückversicherungs-Gesellschaft.[9]

1902, mit 48 Jahren, heiratete Emma Merk ihren langjährigen Freund Max Haushofer. Die Ehe währte jedoch nur kurz, denn bereits 1907 starb ihr Mann nach schwerer Krankheit. Sein Tod traf sie zutiefst. In den folgenden Jahren veröffentlichte Emma Haushofer-Merk zahlreiche Werke, wobei der psychologische Zugang zu ihren Figuren sich nun noch verstärkte. Für ihre psychologische Darstellungskunst wurde sie von Rezensenten gerühmt und so machte sie sich in der Folge auch einen Namen als Verfasserin psychologischer Novellen. 1909, als ihr Buch »Seine Frage und andere Novellen« in Reclams Universalbibliothek erscheint, heißt es im Vorwort: »In Emma Haushofer-Merk lernen die Leser der ›Universal-Bibliothek‹ eine Autorin von gemütvoller, anmutiger Darstellungsgabe kennen, eine Kraft, die namentlich auf dem Gebiete der psychologischen Novelle seit einigen Jahren schöne Erfolge erzielt hat. Auch ein liebenswürdiger neckischer Humor, der sich oft genug unwillkürlich aus den Charakteren der von ihr nach dem Leben gezeichneten Figuren ergibt, steht dieser talentvollen Schriftstellerin zu Gebote und erhöht den Reiz ihrer feinsinnig durchgeführten Schilderungen und Seelenanalysen besonders aus dem ländlichen und dem kleinstädtischen Milieu.«[10] 1913 präsentieren sie Ludwig Thoma und Georg Queri in ihrem »Bayernbuch. Hundert bayrische Autoren eines Jahrtausend« als »Verfasserin zahlreicher psychologischer Novellen und Skizzen«. Dass Emma Haushofer-Merk dabei eine von nur fünf Schriftstellerinnen ist, die Thoma und Queri der Aufnahme wert erachteten, zeigt ihren damaligen hohen Stellenwert als Autorin.

Nach Ika Freudenbergs Tod (1858–1912) wurde Emma Haushofer-Merk ab 1912 die erste Vorsitzende des »Vereins für Fraueninteressen e.V.«. Ab 1913 übernahm Luise Kiesselbach (1863–1929) dann diese Funktion. Emma Haushofer-Merk fungierte fortan als zweite Vorsitzende.[11] Denn sie war sehr eingespannt mit neuen Aufgaben. Zusammen mit ihrer Freundin, der Münchner Schriftstellerin und

[9] Vgl. Verein für Fraueninteressen e.V.: Mitgliederverzeichnis 1897 (Im Archiv des Vereins).

[10] Haushofer-Merk, Emma: Seine Frage und andere Novellen von Emma Haushofer-Merk. Mit einem Vorwort. [von Dr. O.F. Damm] (Oskar Friedrich). Leipzig [1909]: Reclam (=Reclams Universal-Bibliothek Nr. 5086). S. 3f.

[11] Verein für Fraueninteressen e.V. (Hg.): 18./19. Jahresbericht, S. 10–18.

Frauenrechtlerin Carry Brachvogel (1864–1942) gründete sie im Herbst 1913 nun einen eigenen Verein, den »Münchner Schriftstellerinnen-Verein e. V.«. Er war der erste seiner Art. Emma Haushofer-Merk wurde erste Vorsitzende, Carry Brachvogel zweite Vorsitzende. Bekannte Autorinnen traten bei: Richarda Huch, Annette Kolb, Helene Böhlau, Elsa Bernstein, Isolde Kurz und viele andere. Im Mittelpunkt der Satzungen standen Forderungen, die noch heute aktuell sind, etwa die Forderung für geleistete Arbeit adäquat entlohnt zu werden, nie unbezahlt zu arbeiten und die nach Gleichberechtigung bei der Entlohnung.[12]

1924, zu ihrem 70. Geburtstag, gratulierten der Münchner Stadtrat und der »Deutsche Schriftstellerinnenbund Berlin«. In Zeitungen wurde Emma Haushofer-Merk gepriesen für ihre psychologische Charakterisierungskunst, für ihre humorvolle Erzählweise, aber auch für die weltfreudige Lebensauffassung, die in ihren Werken zum Ausdruck komme. In Würdigungen wurden ihre thematischen Vorlieben genannt: das alte und das neue München, bayerische Städte, die landschaftliche Umgebung Münchens und der Chiemsee, die Beziehung zwischen Mann und Frau, aber auch die gesellschaftliche Stellung und Rolle der Frau im Wandel der Zeiten.[13]

Als die Schriftstellerin am 11. Juli 1925 starb, wurde sie in der Tagespresse allerorts als Münchner Schriftstellerin, aber auch als bedeutende »Vorkämpferin« der bürgerlichen Frauenbewegung gewürdigt. Bewundert wurde immer wieder, wie authentisch sie das Lokalkolorit Münchens treffe und speziell das »Alte München«, seine Bewohner und deren Sitten und Gebräuche darstellen könne.[14] Ihr Grab und das ihres Mannes Max Haushofer lassen sich noch heute auf Frauenchiemsee besuchen.

[12] Verein für Fraueninteressen e. V. (Hg.): 20. Jahresbericht, S. 9; Satzungen des Münchner Schriftstellerinnen-Vereins und Mitgliederliste von 1913 (Stadtarchiv München / Vereine 2168).

[13] Baudissin, Eva Gräfin von: Emma Haushofer-Merk und Carry Brachvogel, in: Münchner Neueste Nachrichten Nr. 160, Frauenzeitung, München 1924, S. 27.

[14] Siehe zu den Würdigungen anlässlich ihres 70. Geburtstags und ihres Todes: Richardsen, Ingvild: Die Schriftstellerin und Frauenrechtlerin Emma Haushofer-Merk – ›Carpe diem‹«, in: Haushofer-Merk, Emma: Alt-Münchner Erzählungen. Texte der Erstausgaben, herausgegeben und mit einem Vorwort und Nachwort versehen von Ingvild Richardsen, München 2015, S. 23–246.

Zum Wirken Emma Haushofer-Merks im Ersten Weltkrieg

Am 15. Juni 1914 hatte Emma Haushofer-Merk noch ihren 60. Geburtstag gefeiert. Kaum sechs Wochen später, am 31. Juli 1914, wurde in München der Kriegszustand verkündet, am 1. August gab König Ludwig III. dann vor der Feldherrenhalle am Odeonsplatz die Mobilmachung bekannt.[15] Auch die bürgerliche Frauenbewegung wurde vom Kriegsrausch erfasst und die Rettung des »Vaterlandes« als heiliges Ziel propagiert. Am 1. Oktober 1914 veröffentlichte Emma Haushofer-Merk im »Vereinsanzeiger« des Stadtbundes einen Aufruf »An die Frauen Münchens!«.[16] Hier legte sie dar, inwiefern der Krieg zu völlig neuen Aufgaben für den Verein für Fraueninteressen führe.[17] Angesichts der Opferbereitschaft der Männer forderte sie die Frauen auf, sich gleichfalls verantwortlich zu fühlen für das Schicksal der Nation.[18] In den Jahresberichten des Vereins über die Kriegsjahre 1914/1915 kann man noch heute lesen, wie die damals laufende Vereinsarbeit unterbrochen und bestehende Kommissionen aufgelöst wurden und der Verein jetzt zahlreiche neue Aufgaben übernahm, um Kriegshilfe zu leisten. Vor allem jedoch wirkte er nun in der städtischen Kriegsfürsorge Münchens mit.[19] Obwohl Haushofer-Merk sehr eingespannt war mit Vereinsarbeit, veröffentlichte sie auch während des Kriegs Bücher. 1914 kam ein weiterer Novellenband in Reclams Universalbibliothek heraus: »Luxuspflänzchen und andere Novellen«.[20] Nach einem Jahr Kriegserfahrung fand Anfang Oktober 1915 im Festsaal des Münchner Künstlerhauses am Lenbachplatz eine »Kriegstagung süddeutscher Frauen« statt. Durchgeführt

15 Siehe zum Kriegsausbruch in München: Wilhelm, Hermann: München im Ersten Weltkrieg, München 2013. S. 10–15.

16 Haushofer-Merk, Emma: An die Frauen Münchens, in: Vereins-Anzeiger des Stadtbundes Münchener Frauen-Vereine, 1. Jg. Nr. 8, 1. Oktober 1914. S. 1.

17 Vereins-Anzeiger des Stadtbundes Münchener Frauen-Vereine, 1. Jg. Nr. 8, 1. Oktober 1914. S. 1.

18 Ebd.

19 Verein für Fraueninteressen München e.V. (Hg.): 21. und 22. Jahresbericht und Bericht über die Kriegstagung süddeutscher Frauen als Anhang, München 1916, S. 1–73, hier S. 7.

20 Haushofer-Merk, Emma: Luxuspflänzchen und andere Novellen. Leipzig [1914]: Reclam (=Reclams Universal-Bibliothek Nr. 5664).

wurde sie vom »Verein für Fraueninteressen e. V.« Vertreterinnen der Frauenverbände aus Baden-Württemberg, Hessen und Bayern trafen sich hier zum Erfahrungsaustausch und erörterten in Vorträgen sozialpolitische Probleme, die durch den Krieg entstanden waren, so zum Beispiel die Notwendigkeit der Hinterbliebenenfürsorge oder einer Berufsberatung für die zunehmende Zahl erwerbstätiger Frauen. Die Frauen nutzten die Tagung aber auch, um die Unentbehrlichkeit ihrer Leistungen zu demonstrieren.[21]

In einem privaten Brief an eine Freundin urteilte Emma Haushofer-Merk 1917 über den Krieg jetzt völlig anders als zu Kriegsbeginn. Nun wertete sie diesen als Ausdruck und Ergebnis einer »Männerkultur«, eines »Männerstaates« – und beide hätten versagt. Über den Kriegsverlauf schrieb sie: »Aber weil es so allmählich kam, weil man sich von einem Jahr zum anderen so mit der Erwartung auf Schluss weiterschleppte, ist die Zeit doch vorübergegangen und man lebt noch! Zuweilen denkt man freilich: Ob dieser Völkerwahnsinn denn nicht endlich geheilt wird! Zuweilen des Nachts, denke ich mir eine Ansprache an die Frauen der ganzen Welt aus: Sie sollten sich doch empören gegen diese Gewalt, die ihnen ihre Söhne nimmt, sie sollten einmal erklären: wir wollen nicht mehr! Wir geben die Kinder, die wir mit Schmerzen geboren, mit tausend Mühen aufgezogen haben nicht mehr her, dass man sie uns in ein Massengrab wirft oder zum Krüppel schiesst. Eigentlich hat die Männerkultur sich ja blamiert, der Männerstaat hat ein Fiasko gemacht, weil der grässliche Krieg möglich war. Natürlich bei Tag sagt man sich, dass auch der Schrei aus Millionen Frauenherzen nichts helfen würde, dass man ja nicht herankäme an die draussen im Feindesland, dass die Censur die Empörung der Frauen unterdrücken würde, selbst wenn in jedem Lande ein Echo sich fände. Aber man braucht nur durch die Sonnenstrasse zu gehen und die vielen halb Verstümmelten zu sehen, die aus den Kliniken kommen und man schüttelt den Kopf und fragt sich: muss und kann das denn so weiter gehen? […]. Sollten nicht eigentlich die Zeitgenossen, die das Stückchen Leben miteinander teilen und dann

[21] Vgl. Lindemann, Renate: 100 Jahre Verein für Fraueninteressen, in: Verein für Fraueninteressen e. V. (Hg.): 100 Jahre Verein für Fraueninteressen. München 1994. S. 49f.; Verein für Fraueninteressen München e. V. (Hg.): 21. und 22. Jahresbericht und Bericht über die Kriegstagung süddeutscher Frauen als Anhang, München 1916. S. 1–73. Der Bericht findet sich auf S. 44–54.

wieder verschwinden, sich freundlich bei der Hand nehmen, alle sich als Wandergenossen fühlen, da sie doch alle nicht wissen woher, wohin. Stattdessen sind sie feindselig gegeneinander und hassen sich und machen sich diese knappe Zeit auch noch sauer.«[22]

Ganz offensichtlich war die Autorin 1917 hinsichtlich des Kriegs für das 1914 propagierte »Vaterland« völlig ernüchtert und desillusioniert. In diesem Jahr veröffentlichte sie »Die Lierbachs-Mädeln«, die 1914 bereits als Fortsetzungsroman in den Münchner Neuesten Nachrichten erschienen waren, nun auch als Buch.[23] Noch heute zeugt die Qualität des Papiers, das für die Originalausgabe verwendet wurde, von den schweren Zeiten, in denen das Buch gedruckt wurde.

Das Vorwort zu den »Die Lierbachs-Mädeln«: Die 1870er-Jahre und die Münchner Malerkreise

Ihrem Buch stellte Emma Haushofer-Merk ein handschriftliches Vorwort voran, in dem sie sich zur Hintergrundkulisse äußerte: »Mein Roman spielt in den siebziger Jahren des vorigen Jahrhunderts, als München noch seinen Ruf als billige Stadt verdiente, als die allgemeine Lebensführung noch eine viel einfachere und bescheidenere war als jetzt, auch in den Kreisen der Künstler. Die Maler, selbst die berühmten, hatten noch keine glänzenden Ateliers, gaben zumeist noch wenig auf Elegance, aber vergnügt ging es zu und es wurden, sowohl in der Stadt als auch an sommerlichen Studienplätzen, lustige Feste gefeiert, mit wenig Prunk, aber viel Humor. Erst später machte sich neben dem alten München das junge Schwabing breit, beeinflusste auch die Malerkreise und brachte in die Vergnügungen und Veranstaltungen einen neuen, oft allzu freien Ton herein, der eigentlich nicht bodenständig war. Jetzt hat der Krieg die Maskenscherze, die ›Bauernkirchweih‹ fortgefegt; die Feste sind vorüber, das Lachen ist verstummt. Aber vielleicht mag man im Ernst von heute ganz gern wieder einmal zurückblicken auf das schlichte, harmlos-lustige München von früher.«

Gerade weil der Schrecken des Kriegs die »Bauernkirchweih« hin-

[22] Brief an Christine Mayer-Doss vom 18. Oktober 1918 (Privatarchiv Haushofer).

[23] Unter der Rubrik »Literatur und Wissenschaft« siehe den Artikel »Emma Haushofer-Merk" anlässlich ihres 60ten Geburtstages am 15. Juni 1914. In: Münchner Neueste Nachrichten vom 15. Juni 1914.

weggefegt hatte, das Lachen verklungen und die Feste vorüber waren, wollte die Autorin die Leser dazu animieren, auf das »alte« München und das damalige Schwabing zurückzublicken. Dorthin zog es damals viele Künstler, vor allem Maler, die in diesem Viertel nicht nur kreativ waren, sondern auch genussvoll feierten und lebten – schon lange bevor Schwabing zum Klischee des Bohemienquartiers »Wahnmoching« wurde. Andeutungsweise kann man den Worten von Emma Haushofer-Merk entnehmen, warum sie speziell solch einen Roman in Kriegszeiten veröffentlicht hat: Mit der Darstellung besserer alter Zeiten wollte sie ein Gegenbild zur Gegenwart liefern.

Der Blick auf idyllische Tage von einst konnte während des Kriegs einen mehrfachen Gewinn bieten: Die Präsentation der »glücklichen« Vergangenheit Münchens gegenüber dem traurigen Zustand, in dem sich München 1917 befand, sollten zu Einkehr und Besinnung einladen. Das Vorführen des »alten« Münchens konnte zur Erkenntnis führen, dass die Kulturleistung Münchens im 19. Jahrhundert eine ungeheure war, selbst wenn sein Glanz in Kriegszeiten dahin zu sein schien. Damit konnte man in Kriegszeiten jedoch nicht nur Genuss, sondern möglicherweise auch ein Trost- und Hoffnungsbild bieten. Denn der Vergleich von Einst und Jetzt musste zur Reflexion führen, implizierte letztlich, dass die Zeiten auch wieder anders werden konnten und fungierte möglicherweise auch als Appell, an der Herstellung besserer Zeiten mitzuwirken.

»Die Lierbachs-Mädeln« – Widerspiegelungen von Emma Merks Jugendzeit in Münchens Malerkreisen

Die Handlung ließ die Autorin also in den Münchner Malerkreisen der 1870er-Jahre spielen. In dieser Zeit war Emma Merk genau so alt wie die Lierbachs-Mädeln, ihre Protagonistinnen. In ihrem Roman lässt die Autorin somit die Zeit ihrer Jugend aufleben und man kann davon ausgehen, dass sie hier auch einen Eindruck von den Künstlerkreisen geboten hat, in denen sie selbst aufwuchs. Denn die Schriftstellerin stammte selbst aus einer alten Münchner Künstlerfamilie.

Geboren wurde sie 1854 als Tochter des Kunstmalers Eduard Merk (1816–1888) und als Enkelin des Hofjuweliers Gottfried Merk[24] in der

[24] Pecht, Friedrich: Geschichte der Münchner Kunst im neunzehnten Jahrhun-

Münchner Schönfeldstraße 8. In der Schönfeldvorstadt, einem Viertel in dem damals viele wohlsituierte Bürger lebten und das ab Mitte der 1880er-Jahre dann zudem zur Keimzelle der bürgerlichen Frauenbewegung in Bayern wurde, wuchs Emma Merk auch auf.[25]

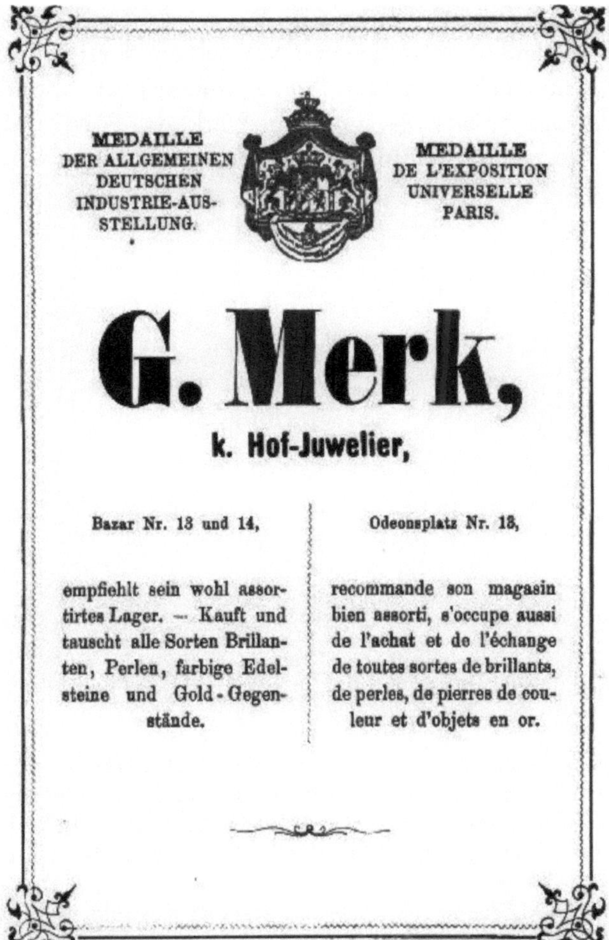

Werbeanzeige von Emma Merks Großvater Gottfried Merk, 1872.

dert, München 1888, S. 484.

[25] Familienbogen Emma Merk, Stadtarchiv München PMB M200; Familienbogen Eduard Merk, Stadtarchiv München PMB M, Nr. 31/5973.

Ihr Vater gehörte zu den Malern, die die »Schule der Münchner Landschaft« geschaffen haben. Schon früh wandte er sich der Kunst zu und besuchte später die Münchner Akademie der Bildenden Künste.[26] In F. v. Boettichers »Malerwerke aus dem 19. Jahrhundert« (1898) wird Merk auch als Historien- und Genremaler bezeichnet.[27] 1838 hielt er sich zu Studienzwecken in Rom auf. Aus dieser Zeit ist ein Brief an seine Braut überliefert, in welchem er von seinem dortigen Aufenthalt und seiner Motivsuche berichtet. (Siehe Anhang) Ein Abbild Eduard Merks findet sich bereits 1841 in einem Werk, das Porträts der Maler zeigt, die seinerzeit der »Münchner Schule« zugerechnet wurden.[28]

[26] Nagler, Georg Kaspar: Neues Allgemeines Künstlerlexikon, Band 9, München (1840), S. 150; Thieme-Becker, Allgemeines Lexikon der bildenden Künstler von der Antike bis zur Gegenwart, Band XXIV, Leipzig (1898); Boetticher, Fr. v.: Malerwerke des 19. Jahrhunderts, Band II/1, Dresden (1898), S. 25.

[27] Ebd.

[28] MÜNCHEN – Malerporträts – Vierundzwanzig Brustbilder von Malern der Münchner Schule, auf drei Blättern. Die Bilder zeigen L. Rottmann, v. Enhuber, R. Eberle, M. Müller, A. Geyer, C. Heß, W. Gail, Ed. Merk, N. Simonsen, E. Kirchner, L. Wendling, W. Lindenschmit, H. Heinlein, C. Kaltenmoser, H. Schönfeld, Th. Verhas, Ed. Gerhardt, B. Adam, v. Heideck, D. Monten, C. Zimmermann, M. Lotze, J.B. Weiß und W. Völker. Vierundzwanzig Brustbilder von Malern der Münchner Schule, auf drei Blättern. 3 Bl. Lithographien auf China bei Weiss und Kohler, Würzburg, um 1841 (Slg. Maillinger Bd. II, Nr. 3454).

Münchner Malerporträts. Eduard Merk, rechts unten, 1841.

Seine Studien führten den Maler Merk mit seiner Familie immer wieder aufs Land, an den Tegernsee, in das Werdenfels, das Inntal, die Tiroler Berge und an den Chiemsee. Über das geistige Erbe ihrer Eltern hat die Autorin 1913 festgehalten: »Unser Vater, der Maler war, hat uns schon früh Verständnis für die Schönheit der heimatlichen Natur gelehrt und uns durch seine vornehme, vorurteilsfreie Lebensauffassung vor Spießbürgertum und Engherzigkeit bewahrt. Dem Frohsinn, dem geselligen Naturell unserer Mutter dankten wir eine heitere und anregungsreiche Jugend.«[29]

Der glückliche Kreis, in dem die Autorin aufwächst, umschließt in den Sommermonaten auch die damaligen zwei großen Münchner Künstlerkolonien, die Insel Frauenchiemsee und Brannenburg.[30] In den Künstler- und Malerkreisen, in denen sie verkehrt, lernte sie schon als Kind ihren Mann kennen, den 14 Jahre älteren Max Haushofer (1840–1907). Wie sie war auch er das Kind eines Münchner Landschaftsmalers. Sein Vater, Maximilian Haushofer (1811–1866), war es, der 1828 Frauenchiemsee für die Maler entdeckte und 1838 Anna Dumbser, die Tochter des damaligen Wirtes vom noch heute bestehenden Gasthof »Zur Linde« heiratete. Bereits Anfang der 1830er-Jahre begründete er die Maler- und Künstlerkolonie auf der Insel Frauenchiemsee.[31] Emma Merk und Max Haushofer hielten sich also schon als Kinder mit ihren Malervätern immer wieder auf der Fraueninsel und am Chiemsee auf und dies blieb ihr Leben lang auch beider Lieblingsort.

Und so war Emma Haushofer-Merk zu Lebzeiten nicht nur bekannt dafür, dass sie so viel über das »alte« München erzählen konnte, sondern auch viele Geschichten über die alte Kultur auf der Fraueninsel, wie die Schriftstellerin Eva Gräfin von Baudissin (1894–1943) 1914 noch berichtete.[32]

[29] Zils, Wilhelm (Hg.): Geistiges und künstlerisches München in Selbstbiographien. München 1913, S. 149.

[30] Siehe zur Künstlerkolonie Brannenburg die Website der Neuen Künstlerkolonie Brannenburg: www.n-k-b.de/test/htdocs/hist-kuenstler-archiv.php?setnav=03&setsub=32 [zuletzt geöffnet am 3.5.2016]

[31] Siehe dazu auch: Raupp, Karl/Wolter, Franz (Hg.): Die Künstlerchronik von Frauenchiemsee, München 1918, S. 29; vgl. Haushofer, Heinz: Traditionen. Als Manuskript vervielfältigt, München 1979, S. 159.

[32] Baudissin, Eva Gräfin von: Die Insel der Toten, Zeitungsartikel 1925 ohne Angabe der Zeitung (Privatarchiv Haushofer).

1972 erschien im »Rosenheimer Volksblatt« ein Zeitungsartikel, in dem Emma Haushofer-Merk als Kennerin der Künstlerkolonie Brannenburg präsentiert wurde. Ein Aufsatz aus dem Jahr 1909, in dem sie über Kindheitseindrücke in der Künstlerkolonie Brannenburg berichtet hatte, wurde hier erneut mit einleitenden Worten der Redaktion abgedruckt: »Der nachstehende Beitrag ist unzeitgemäß. Er wurde im Jahr 1909 geschrieben und veröffentlicht, auch jahreszeitlich ist er nicht aktuell, denn er berichtet von Sommertagen im Inntal, in Brannenburg vor der Jahrhundertwende. Damals bereits stimmte die Verfasserin Emma Haushofer-Merk eine Klage an, die uns heute sehr vertraut ist. Die Zeit, in die sie rückblickend führt, liegt noch vor dem großen Münchner Kunstkrach. Dazu kam es im Jahr 1891. Seinerzeit setzte unter den Kunstschaffenden eine Spaltung ein, die bis heute heraufreicht und ihre Paralellen in der Gesellschaft hat.[33] Aber diese Entwicklung ist nicht Thema dieses Aufsatzes, sondern ein Inntaler Sommer. Und da der Kreis der Leser nicht klein ist, der in diesem Sommer Verlangen hat, darum veröffentlichen wir den Aufsatz als Ausblick auf eine schöne Jahreszeit, die mit jedem Tag näher rückt. Die Verfasserin war zur Zeit der Jahrhundertwende eine populäre Romanschriftstellerin, die insbesondere den Alt-Münchner Roman gepflegt hat. Sie war die Tochter des Malers Merk.«[34] (Siehe Anhang)

[33] Der Münchner Kunstbetrieb war Ende des 19. Jahrhunderts von der konservativen Haltung des staatlichen Kunstbetriebs, der Münchner Künstlergenossenschaft und dem Malerfürsten Franz von Lenbach dominiert. Staatlicherseits wurde die traditionelle Gattung der Historienmalerei propagiert (Münchner Schule). Neue Entwicklungen und Richtungen des Impressionismus und des Expressionismus wurden unterdrückt. Nach der Abspaltung zahlreicher Künstler von der Münchner Künstlergenossenschaft entstand 1992 die Münchner Sezession. Dieser Zusammenschluss bildender Künstler, darunter Max Liebermann, Franz von Stuck, Lovis Corinth, wehrte sich gegen die staatliche Bevormundung, forderte eine Wandlung des Kunstverständnisses und ein Selbstbestimmungsrecht für die Künstler. Siehe dazu: Harzenetter, Markus: Zur Münchner Secession. Genese, Ursachen und Zielsetzungen dieser intentionell neuartigen Künstlervereinigung. München 1992.

[34] »Damals ging der Zug nach Brannenburg ...«, in: Rosenheimer Volksblatt, 21./22. Januar 1972.

Handlungsgeschehen und Orte

»Die Lierbachs-Mädeln« ist ein Roman, in dessen Mittelpunkt Leben und Ehe der beiden Töchter des bekannten Münchner Landschaftsmalers Lierbach stehen. Als weitere Schauplätze kommen Frankfurt und am Ende der Romanhandlung schließlich noch der Chiemsee hinzu. Trudel, die ältere und schönere der beiden Schwestern, geht trotz der Warnung des Vaters eine Liebesheirat mit dem Landschaftsmaler Waldemar Falk ein, einem Schüler ihres Vaters. Anhand dieser Ehe werden im Roman Alltag und Schwierigkeiten einer Künstlerehe vorgeführt. Grete, die jüngere der Lierbachs-Töchter, eine hochgewachsene Walkürenerscheinung, ist die eigentliche Hauptfigur des Romans. Obwohl sie in den Architekten Max Schmidt verliebt ist, geht sie eine Ehe mit dem reichen Frankfurter Bauunternehmer Eschhoven ein. Die Romanhandlung führt die Folgen dieser Vernunftehe vor und legt die wahren Gründe für diese Heirat offen. Ein tragischer Protagonist ist der verwachsene Maler Wolf Lüders. Wie Max Schmidt ist auch er in Grete verliebt. Er ist der treue Freund an ihrer Seite, der sich letztlich dann auch für sie opfert.

München und Frankfurt werden in dem Roman als Gegenpole präsentiert: Während in München und seinen Malerkreisen Idylle, Kameradschaft und die Künste regieren, wird Frankfurt als von Geld, Egoismus und Kapital bestimmte Stadt gezeigt. Doch auch der Chiemsee wird am Ende der Romanhandlung als eine ideale Gegenwelt zu Frankfurt vorgestellt: »Wie ernst und traurig sie geworden war, das fühlte Grete erst so recht, als sie plötzlich wieder in den lustigen Kreis der Maler versetzt war. Eine andere Welt! Die Eltern wohnten in diesem Sommer in der ›Feldwies‹, einem stillen Dörfchen am Chiemsee, nahe an den Bergen. Hier landete kein Dampfer, hier gab es keinen Bahnhof, keine Post. Nur Fischernachen, nur große heubeladene Kähne, die nach den Inseln fuhren, stießen vom Land. In einem kleinen Häuschen, mitten in einem Obstgarten, mit Geranien auf der breiten Altane, wohnte Lierbach mit seiner Frau, mit Trudel und den Enkelkindern.«[35] Die geschilderte Idylle mit ihren Malern wird als Hort der Glückseligkeit präsentiert:

[35] Haushofer-Merk, Emma: Die Lierbachs-Mädeln. Münchner Roman. München 2016, S. 76.

»Es ist merkwürdig, wie sich hier alle gleich geblieben sind. Lachende, glückliche Kinder sind sie, diese Maler, die sich so wohlfühlen in dem einfachen Dörfchen, in der bäuerlichen Anspruchslosigkeit.«[36]

Der Maler Adolf Heinrich Lier (1826–1882): Vorlage für die Figur des Malers Lierbach?

Das Handlungsgeschehen kreist um die Familie und die Schüler des Münchner Landschaftsmalers Lierbach, der sein Atelier unmittelbar hinter dem Münchner Siegestor hat: »Das Atelier des Malers Lierbach lag so ziemlich am Ende der Stadt, hinter dem Siegestor, wo damals – in der Mitte der siebziger Jahre – nur wenige Häuser standen. Der Ruf des Künstlers, der einige Jahre in Paris gelernt und von der dortigen Studienzeit eine neue Auffassung der Landschaft und der Technik mitgebracht hatte, hatte allmählich einen Kreis von Schülern zu ihm herangezogen, die ihn aufrichtig verehrten und es als besonderes Glück betrachteten, wenn er ihnen seine Korrekturen angedeihen ließ. Er besaß jenes feine Verständnis, jenen seltenen Takt des Lehrers, der jede Eigenart anerkennt und sich hütet, einem Talent die Ursprünglichkeit der Auffassung zu beschränken. Erfolg, Anerkennung und wachsende Berühmtheit hatten den schlichten Mann nicht zu ändern vermocht.«[37] Lierbach selbst wird im Roman als eine Münchner Koryphäe präsentiert, der nicht nur im Münchner Kunstverein und im Münchner Glaspalast ausstellt,[38] sondern der auch bei der Eröffnung

[36] Ebd., S. 78.

[37] Ebd., S. 12f.

[38] Der 1823 in München gegründete Kunstverein, einer der ersten und wichtigsten in Deutschland, bot den Landschaftsmalern in Deutschland eine wichtige Plattform. Er entstand in München als Gegengewicht zur Akademie und königlichen Kunstpolitik. Noch heute hat er seinen Sitz in den historischen Arkaden des Münchner Hofgartens, siehe dazu auch die Seite des noch heute existierenden Vereins www.kunstverein-muenchen.de [zuletzt geöffnet am 03.05.2016]; Der Glaspalast wurde 1853/1854 zuerst als Ausstellungsgebäude für die Allgemeine Deutsche Industrieausstellung am Münchner Alten Botanischen Garten errichtet und bald von großer Bedeutung als Ausstellungs- und Veranstaltungsort für Kunst und Wirtschaft. 1858 wurde die »Erste deutsche allgemeine und historische Kunstausstellung« veranstaltet. 1869 folgte die 1. Internationale Kunstausstellung. Die hier jährlich ab 1889 stattfindenden

der Kunstausstellung an der Seite des Prinzen wandelt und überdies deutschlandweit bekannt ist. Und so kommt denn der Bauunternehmer Eschhofen auch nur deshalb nach München, weil er ein Bild des Malers Lierbach kaufen möchte.

Porträt Adolf Liers von Eilef Petersen 1877, in: Mennacher, Theodor: Adolf Lier und sein Werk, München 1928, S. 2.

Kunstausstellungen entwickelten sich zum Ort des internationalen Kunsthandels und begründeten mit den Ruf Münchens als Stadt der Kunst. 1931 brannte der Palast aus bis heute unbekannten Gründen nieder. Siehe zum Glaspalast: Bäumler, Klaus: www.historisches-lexikon-bayerns.de/Lexikon/Glaspalast [zuletzt geöffnet am 03.05.2016].

Abgesehen von dem Vorbild ihres Vaters, Eduard Merk, ist es sehr wahrscheinlich, dass die Autorin als Vorlage für die Figur des Malers Lierbach auf den Münchner Landschaftsmaler Adolf Heinrich Lier (1826–1882) zurückgegriffen hat. Darauf verweist nicht nur die Namensähnlichkeit, sondern auch eine Reihe weiterer Gemeinsamkeiten: Adolf Heinrich Lier war ein führender Münchner Landschaftsmaler seiner Zeit und ein Wegbereiter der Freilichtmalerei.[39] Nachdem er 1849 nach München übergesiedelt war und bald in das Atelier des Malers Richard Zimmermann (1820–1875) aufgenommen wurde, war er hier zuerst mit Porträts und Genremalerei beschäftigt. Bald jedoch wandte er sich der Landschaftsmalerei zu. Als Motiv für seine Bilder konzentrierte er sich dabei zuerst auf die Alpen und die oberbayrischen Seen, später dann auf die Hochebene um München und das Flachland. Oft arbeitete er in der Künstlerkolonie Brannenburg, am liebsten jedoch hielt er sich wie die Merks und Haushofers am Chiemsee auf, in der Künstlerkolonie auf der Fraueninsel.[40] Und so trafen die Landschaftsmaler Eduard Merk, Adolph Lier und Maximilian Haushofer also nicht nur in München aufeinander, sondern auch in den beiden bekannten Münchner Künstlerkolonien und es ist davon auszugehen, dass Emma Haushofer-Merk auch ihn schon in ihrer Kindheit kennengelernt hat. Die Autorin lässt dementsprechend dann auch den fiktiven Lierbach mit seiner Familie im Sommer am Chiemsee verweilen.

Mit seiner »Dorfpartie bei Habach«, die Adolf Heinrich Lier im Münchener Kunstverein ausstellte, erzielte er seinen künstlerischen Durchbruch. 1856 wurde er bereits zum Jurator für die Beschickung einer Londoner Kunstausstellung gewählt. Längere Zeit hielt er sich dann 1861 und 1864 zu Studienzwecken in Paris auf und brachte von dort eine neue künstlerische Auffassung der Landschaft und eine neue Malweise mit. Er führte die »paysage intime« der Franzosen in

[39] Siehe zu Adolf Heinrich Lier: Fiedler, Frank/Fiedler, Uwe: Art. Lier, Heinrich Adolf. In: Lebensbilder aus der Oberlausitz: 60 Biografien aus Bautzen, Bischofswerda und Umgebung. Norderstedt 2014, S. 147–149; Mennacher, Theodor: Adolf Lier und sein Werk. Piloty & Loehle. München 1928; Kallmeyer, Ilse: Adolf Heinrich Lier 1826–1882, Innsbruck 1967; France Nerlich/Bénédicte Savoy (Hrsg.): Pariser Lehrjahre. Ein Lexikon zur Ausbildung deutscher Maler in der französischen Hauptstadt, Band 2 (1844–1870).

[40] Vgl. Fiedler, Frank/Fiedler, Uwe: Artikel Lier, Heinrich Adolf, in: Lebensbilder aus der Oberlausitz: 60 Biografien aus Bautzen, Bischofswerda und Umgebung. Norderstedt 2014, S. 146.

Deutschland ein, erzog auch seine Schüler in diesem Sinn und eröffnete 1869 in seinem Haus in München eine eigene Landschaftsmalschule. Genau dies wird im Roman auch über den Maler Lierbach berichtet: dass er zu Studienzwecken in Paris war und von dort eine neue Auffassung der Landschaft und eine neue Technik mitbrachte und auch er betreibt in seinem Atelier eine eigene Malschule, in der er seine Malweise vermittelt.

Auf den Maler Lier als Vorbild für die Figur des Lierbach verweisen im Roman auch namentlich genannte Bilder Lierbachs und seiner Schüler. Einige Beispiele dafür: 1869 erhielt Lier den Auftrag, französische und belgische Maler zur Beschickung einer internationalen Kunstausstellung nach München einzuladen und selbst Werke beizusteuern. Doch auch er selbst war dort mit Bildern vertreten und zeigte hier mit großem Erfolg seine »Vier Tageszeiten«, einen »Morgen«, »Mittag«, »Abend« und »Nacht« und eine »Isargegend bei München«. Diese Bilder machten ihn weithin bekannt und er gehörte er von da an zu den gesuchtesten Malern. 1877 ernannte die Münchner Akademie Lier zu ihrem Mitglied und 1881 dann zum Professor. Auch der Maler Lierbach wird im Laufe der Romanhandlung zum Professor.[41]

Wie im Atelier des Malers Lierbach an einer Isarlandschaft gemalt wird, davon wird auch ausführlich im Roman erzählt.[42] Es ist auffällig, dass auch weitere Bilder Liers im Roman Erwähnung finden. So zum Beispiel ein Bild vom Starnberger See, dass Waldemar Falk an den Münchner Kunstverein geschickt hat oder zwei Bilder, die Eschhoven den Lierbach-Schülern abkauft. Denn diese tragen Titel wie »Heuernte an einem Gewittertag« und »Sommermorgen«. Landschaftsbilder, die diese Sujets darstellen beziehungsweise diese Titel tragen, stammen nun tatsächlich von Adolf Heinrich Lier, nämlich zum Beispiel »Starnberger See« (1859), »Sommermorgen« (1860) und »Landschaft mit Heuernte« (1859), wobei die dargestellte Gewitterstimmung das Bild dominiert.

Die Protagonistin Grete

Zu Beginn der Handlung verliebt sich Grete in den Architekten Max Schmidt, der München verlassen will. Er ist der erste Mensch, der

[41] Ebd., S. 35.

[42] Haushofer-Merk, Emma: Die Lierbachs-Mädeln. Münchner Roman. München 2016, S. 28.

wirkliches Interesse an ihr hat. Und er ist es auch, der das ausspricht, was ihr fehlt: ein Lebenssinn und eine richtige Arbeit. Von ihrem Grundbefinden her fühlt Grete sich nutz- und wertlos. Und so bittet sie ihren Vater, bei ihm in die Malschule gehen zu dürfen. Nach einem Zeitsprung erfährt der Leser, dass Grete vier Jahre später bereits Bilder verkauft. Nun tritt auch der reiche Bauunternehmer Eschhofen aus Frankfurt auf die Bühne des Handlungsgeschehens. Mit ihm baut Emma Haushofer-Merk eine völlige andere Welt in den Roman ein: die des Geldes und des Kapitals, der Tyrannei, des Egoismus und der Ausbeutung. Der Geschäftsmann Eschhofen ist Anfang 40 und umwirbt die junge Grete. Mittels seiner Person wird ein Außenblick auf die Münchner Malerkreise geworfen und damalige Klischees präsentiert: »[…] und es heißt doch immer, daß in diesen Münchner Malerkreisen sehr freie Anschauungen herrschen.«[43] Die Sitten und Gepflogenheiten im Münchner Malermilieu sind ihm fremd, insbesondere die dort herrschende Kameradschaft, Lockerheit und Vertrautheit erscheinen ihm suspekt. Und so wertet er dieses denn als »rechte Bohemewirtschaft«.[44] Schließlich erwärmt sich Eschhofen aber für das so seltsame München und verliebt sich in Grete. Als von ihr eingesandte Bilder von einer Jury abgewiesen werden, ist sie entmutigt und fühlt sich entwertet. Und so scheint die Ehe mit Eschhofen dann bald die Möglichkeit zu bieten, ein neues, anderes Leben führen zu können: »Sie hatte es so satt, nur zuzuhören, nur teilzunehmen an den Plänen und Sorgen anderer. Sie wollte selbst leben! Fort wollte sie. Heraus aus dem allen.«[45] Eschhofen umgarnt sie mit der Aussicht auf die Förderung ihrer Person, ihrer Autonomie und Selbstbestimmung: »Solch ein selbstloses, gutes Wesen sind Sie! Immer denken Sie nur an die anderen! Glauben Sie doch nicht, daß nur ein einziger dieser Herren Maler sich selbst in den Schatten stellte, wie Sie es tun! Wahrhaftig, Sie müßten schon jemand an der Seite haben, der Ihre Interessen besser zu wahren wüßte, als Sie selbst es tun!«.[46] Trotz eines unguten Gefühls lässt sie sich beindrucken, auch weil sie glaubt, dass er ihr wahres Wesen erkennt. Doch seine Verliebtheit erhöht auch ihren Selbstwert: »War es nicht merkwürdig, daß er genau das sagte, was sie

[43] Ebd., S. 38.
[44] Ebd., S. 37.
[45] Ebd., S. 42
[46] Ebd., S. 43.

in den letzten Tagen selbst so oft gedacht hatte? Lag darin nicht doch ein feines Verständnis für ihr Wesen? [...]. Die süßeste Schmeichelei, das Bewußtsein: Du hast Macht über ihn, trübte ihren Blick. Sie war ihm dankbar, daß er ihr Selbstvertrauen hob, daß er ihr das freudige Gefühl ihrer Jugend und Schönheit gab«.[47] Grete will etwas wert sein und so gibt sie ihm schließlich das Jawort, auch angesichts dessen, dass er vermögend ist. Mit anzusehen, wie der permanente Geldmangel die Ehe der Schwester beschädigt, ist für sie unerträglich. Lierbach warnt auch vor dieser Heirat. Während die Hochzeit seiner älteren Tochter ihm leichtsinnig erschien, erscheint Grete ihm zu vernünftig.

Und so zieht diese denn mit ihrem Mann nach Frankfurt und die Vernunftehe nimmt ihren fatalen Verlauf. Erst jetzt merkt Grete, wie einfach, bescheiden und gemütlich sie in München gelebt hat. Eschhofen entpuppt sich jetzt als Schwätzer, Egoist und Tyrann. Doch es gibt noch eine weitere Überraschung: Eschhofens Bauführer ist der Architekt Max Schmidt. Dieser ist entsetzt, dass Grete die Malerei aufgegeben, München verlassen und Eschhofen geheiratet hat. Die alte Verliebtheit flackert auf und nun stellt sich heraus, dass Schmidt in München einfach nicht den Mut hatte, Grete zu umwerben. Diese bereut ihre Heirat und fährt in ihrem Unglück nach München, um die Familie zu besuchen. Hier stellt sie fest, dass auch die Ehe der Schwester schlecht läuft. Das Paar lebt in ärmlichen Verhältnissen und Waldemar Falk muss eine Stelle in einer Malschule in Milwaukee annehmen, Trude hingegen mit den Kindern zu den Eltern zurückkehren. Gretes treuer Freund, der Maler Wolf Lüders vermisst Grete und ist überdies entsetzt über ihre unglückliche Erscheinung. Grete gelingt es, Lüders einen Auftrag in Frankfurt zu verschaffen, und schließlich leistet er ihr und ihrem Mann hier Gesellschaft. Als Grete bald erfährt, dass ihr Mann ein außereheliches Verhältnis hat, planen Max Schmidt und sie, Frankfurt zu verlassen. Doch erneut macht ihnen das Schicksal einen Strich durch die Rechnung, denn Eschhofen verbleibt nach einem Unfall gelähmt. Während Grete sich moralisch verpflichtet fühlt, ihm getreu zur Seite zu stehen, verlässt Max Schmidt Frankfurt aus Verzweiflung. Lüders hingegen unterstützt Grete bei der Pflege des unerträglichen Ehemannes. In Absprache mit Lüders fährt die verhärmte Grete bald in die Heimat, um ihre Familie zu besuchen und

[47] Ebd., S. 44.

sich zu erholen. Sie begibt sich nach Feldwies am Chiemsee. Während Grete fort ist, plant Lüders den Mord an Eschhofen, um sie von ihrem freudlosen Leben zu befreien. Damit Grete nicht unter Verdacht gerät, bringt er sich unmittelbar nach dem Mord an Eschhofen selbst um. Er opfert sich, weil er Grete liebt. Er möchte, dass sie wieder glücklich wird. Angesichts der nebeneinanderliegenden Leichen von Eschhofen und Lüders, bleibt für Grete und alle anderen unklar, was tatsächlich in ihrer Abwesenheit passiert ist. Der Roman endet mit einer neuerlichen Begegnung Grete und Max Schmidt am Chiemsee.

Grete, eine typisch bürgerliche Frau des 19. Jahrhunderts?

Gerade die Schicht der bürgerlichen Frauen war im 19. Jahrhundert in Deutschland weitgehend vom öffentlichen Leben ausgegrenzt. Dieses war vorrangig dem Mann vorbehalten. Bürgerlichen Frauen war wohltätiges Engagement und künstlerische Betätigung in Form von Musizieren, Malen und Sticken oder Lektüre von schöngeistiger Literatur und Unterhaltungsillustrierten erlaubt. Nach außen wurde der zelebrierte Müßiggang der Frau zum Ideal erhoben. Dieses Leitbild der Frau war das soziale Charakteristikum des Bürgertums.[48] Attribute, die der Frau in diesem Geschlechterverhältnis zukamen und über Generationen weitergegeben wurden, waren Ergebenheit, Bescheidenheit, und Abhängigkeit.[49] Kennzeichnend war eine stark auf häusliche Arbeit ausgerichtete höchstens zehnjährige Schulausbildung mit Schwerpunkt auf Handarbeits- und Hauswirtschaftsunterricht. Nach der Schule hieß es dann auf einen Ehemann zu hoffen, wobei das Heiratsalter damals bei etwa 25 Jahren lag. Alles Streben der Frauen richtete sich demzufolge meist auf einen möglichst wohlbetuchten Ehemann. Eine Selbstverwirklichung durch Arbeit und Erwerbstätigkeit kam in diesem Geschlechterverhältnis kaum infrage. Einzig der Beruf der Lehrerin war akzeptiert. Dekoratives Beiwerk

[48] Siehe zur Thematik: Ute Frevert: Frauen-Geschichte. Zwischen bürgerlicher Verbesserung und neuer Weiblichkeit. Frankfurt am Main 1986.

[49] Siehe zur Kultivierung des Weibes als einer Drohne und zur Pflege und Antrainierung weiblicher Eigenschaften im Bürgertum auch: Bruns, Brigitte: Das dritte Geschlecht von Ernst von Wolzogen, in: Herz, Rudolf / Bruns, Brigitte (Hg.): Hof-Atelier Elvira 1887–1928. München 1985, S. 171–190, S. 183.

ihrer Ehemänner, gefangen in einem öden Alltag ohne sinngebende Aufgabe, keine Aussicht auf Veränderung durch schulische Weiterbildung oder gar auf das Ergreifen eines Berufs, wie es für moderne Frauen selbstverständlich ist – so gestaltete sich das Leben vieler gut situierter Frauen in der bürgerlichen Welt des Fin de siècle. Wie so ein bürgerliches Frauenleben im 19. Jahrhundert aus zeitgenössischer Sicht aussah, hatte Emma Merk sehr anschaulich in dem prachtvollen Band »Evas Töchter« dargestellt, der bereits 1893 mit kunstvollen Illustrationen von Emanuel Spitzer erschienen war. Hier hatten beide humorvoll vorgeführt, wie das typische Leben bürgerlicher Frauen von der Geburt an bis zur Reife aussah und gezeigt, welche Rollenvorstellungen das Denken bürgerlicher Männer und Frauen prägten, aber auch welche geheimen Ziele Männer und Frauen tatsächlich umtrieben.[50]

Mit ihrer Protagonistin Grete präsentiert Haushofer-Merk zwar eine typische bürgerliche Frau im letzten Drittel des 19. Jahrhunderts, diese ist aber insofern auch wieder nicht so ganz typisch, als sie eben auch die Tochter eines bekannten Münchner Malers ist und es in den künstlerischen Kreisen Münchens seinerzeit bekanntlich anders und freier zuging. So sind es im Roman hier gerade die Männer, die Maler Lierbach, Wolf Lüders und der Architekt Max Schmidt, die Grete in ihrem Ansinnen, Malerin zu werden und als solche zu arbeiten, unterstützen. Anhand von Gretes Dasein wird gezeigt, was das Problem vieler bürgerlicher Frauen im 19. Jahrhundert war: Grete fühlt sich in ihrem Dasein letztlich nutz- und wertlos. Ihr fehlt ein Lebenssinn und eine Arbeit. Ihr mangelt es an einem »Selbst«, und so ist sie »selbstlos«. Sie stellt ihr eigenes Wesen hintan und befördert stattdessen das berufliche Fortkommen der Männer. Obwohl es ihr nach vier Jahren gelingt, Bilder zu verkaufen, führt die Erzählung vor, wie sie sich bereits durch einen kleinen Misserfolg von der neu eingeschlagenen Richtung abbringen lässt. Statt ihr eigenes Potenzial zu entwickeln und Niederschläge in Kauf zu nehmen, wird gezeigt wie Grete dann doch wieder den herkömmlichen Weg der bürgerlichen Frau wählt: die Heirat mit einem wohlhabenden Mann. Doch die Handlung führt auch vor, dass diese Entscheidung nicht die richtige war. Der Lauf

[50] Vgl. Merk, Emma/Spitzer, Emanuel: Evas Töchter. Text von Emma Merk. Illustrationen von Emanuel Spitzer. Hanfstaengl Verlag [1893].

der Ereignisse, ebenso auch die Äußerungen einzelner Romanfiguren implizieren das was Grete hätte tun müssen: ein »Selbst« entwickeln, auf ihr Gefühl hören, ihr Potenzial ausbauen, die Malerei weiterverfolgen und sich nicht in den Hintergrund stellen. Und hier, so könnte man das Fazit ziehen, spricht Emma Haushofer-Merk dann 1917 auch als Frauenrechtlerin. Doch soweit ist man in Bayern um 1870 zu der Zeit, in der Haushofer-Merk die Romanhandlung spielen lässt, noch nicht. Erst ab Mitte der 1880er- und 1890er-Jahre begibt man sich hier auf die Suche nach einem neuen weiblichen Selbstverständnis und hinterfragt die tradierten Rollen in einer bis dahin patriarchalisch ausgerichteten Welt.[51] Seit 1887 betreiben Anita Augsburg und Sophia Goudstikker das Fotostudio »Elvira« in der Von-der-Tann-Straße 15. Als unverheiratete Geschäftsfrauen verkörpern beide den Typus der emanzipierten Frau. Mit einer Gruppe von Münchner Frauen, zu denen auch Emma Haushofer-Merk gehört, begründen sie dann 1894 den späteren »Verein für Fraueninteressen e. V.« (1899).[52]

Was ist ein »Münchner Roman«?

Der Untertitel von »Die Lierbachs-Mädeln« lautet »Ein Münchner Roman«. 1924 legte Georg Jacob Wolf in seinem Buch »Die Münchnerin. Kultur- und Sittenbilder aus dem alten und neuen München« dar, was man damals als »Münchner Roman« ansah.[53] Er berichtet, dass es lange Zeit als peinlich erachtet wurde, wenn München in Romanen den Schauplatz abgab.[54] Mittlerweile jedoch habe sich das völlig verändert und der Münchner Roman bilde nahezu ein eigenes Genre: »Heute ist der ›Münchner Roman‹ etwas wie ein Typus, und die Zahl der Münchner Romane und der in München spielenden Novellen, samt

[51] Zur Frauenbewegung in Bayern und München vgl. Lindemann, Renate: 100 Jahre Verein für Fraueninteressen. In: Verein für Fraueninteressen e. V. (Hg.): 100 Jahre Verein für Fraueninteressen. München 1994, S. 1–102.

[52] Zur Gründergeneration und ihrer Verknüpfung mit den Literaten und Künstlern der Moderne siehe: Elferich, Christa: Aus dem Vereinsarchiv, in: Verein für Fraueninteressen e. V. (Hg.): Jahresbericht 2007. München, S. 21–23.

[53] Wolf, Georg, Jacob: Die Münchnerin. Kultur- und Sittenbilder aus dem alten und neuen München. München 1924, S. 261–270.

[54] Ebd., S. 261.

den Dramen und Komödien ist dem Umfang nach ungeheuer, daß hier erst gar nicht der Versuch gemacht werden soll, eine auch nur irgendwie erschöpfende Aufzählung zu geben.«[55] Wolf präsentiert dem Leser Romane seinerzeit bekannter Autoren, deren Handlungen in München spielen. Und so nimmt er Werke von Josef Ruederer, Thomas Theodor Heine, Ludwig Thoma, Franz Wedekind, Ernst von Wolzogen, Otto Julius Bierbaum, Heinrich Mann und vielen anderen männlichen Autoren unter die Lupe. Zwei Kriterien bilden dabei die Richtschnur seiner Darstellung und Bewertung des vorgestellten Werkes, nämlich »ob der Münchner Roman auch über das Milieuhafte hinauswächst, ob er Probleme anschneidet, die echte Münchner Probleme sind, ausschließlich der Isarstadt zu eigen, ob seine Gestalten auch wirkliche Münchner und Münchnerinnen sind, oder ob sie nur in einem ›Münchner G'wand'l‹ stecken wie die Berliner Kommerzienräte beim Alpenvereinsfest in der ›Kluft‹.«[56] Er begründete hier auch warum immer eine Frau im Zentrum eines Münchner Romans stehen sollte, denn er stellte fest: »Wenn wieder einmal, wie es vor zwei oder gar schon drei Jahrzehnten die ›Münchner Neuesten Nachrichten‹ taten, eine große Zeitschrift oder Zeitung auf den Gedanken verfiele, ein Preisausschreiben für einen echten Münchner Roman zu erlassen, so lägen in den Schicksalen und in der Wesensart der Münchner Frauen alle möglichen Stoffe vor.«[57]

Es fällt auf, dass Wolf zwar Namen Münchner Schriftstellerinnen auflistet, die »Münchner Romane« verfasst haben, aber weder deren Titel nennt noch auf Inhalte eingeht. Emma Haushofer-Merk galt anscheinend zu Lebzeiten als vollendete Repräsentantin des Münchner Romans, denn er setzte sie bei seiner Aufzählung weiblicher Autoren an die erste Stelle.[58] Tatsächlich erfüllte Emma Haushofer-Merk adäquat Wolfs Richtschnur: In ihren »Münchner Romanen« stehen immer Frauen im Mittelpunkt des Romangeschehens. Und dass sie die Bewohner des Alten und Neuen München absolut treffend, als »echte Kinder ihrer Zeit« schildern und spezifisch Münchner Phänomene adäquat darstellen konnte, attestierten ihr die Zeitgenossen immer wieder.

Als Beispiel für typische Münchner Phänomene, die sie schildert, kann man eben gerade die Darstellung der alten Münchner Malerkrei-

[55] Ebd., S. 262.
[56] Ebd., S. 262.
[57] Ebd., S. 269.
[58] Ebd., S. 269.

se in »Die Lierbachs-Mädeln« nennen. Diese werden auch im Roman als etwas spezifisch Münchnerisches präsentiert: »Eine rechte Bohemewirtschaft! dachte Eschhofen, dem dieser kameradschaftliche Ton ungewohnt war. Es scheint hier sehr frei zuzugehen.«[59] Doch auch, dass Haushofer-Merk ihre Protagonistin Grete als eine bürgerliche Frau konzipiert hat, die in den 1870er-Jahren zu malen beginnt, ist seinerzeit ein typisches Phänomen für München. Wolf berichtet 1924 rückblickend über die Erscheinung der Münchner Malerin Folgendes: »Die Malerin trat gleichfalls um 1860 im Kulturbild Münchens stärker hervor, auch in ihrer Spielart als Kunstgewerblerin. Etwas Neues freilich war die von Frauen betätigte Ausübung dieses künstlerischen Berufes nicht mehr. Wenn auch die berühmte Malerin in Walter von Rummels Münchner Roman ›Freiheit‹, der im Zeitalter Maximilians III. Joseph spielt, eine dichterische Erfindung ist, so wissen wir doch, dass zu Beginn des neunzehnten Jahrhunderts Elektrine von Freyberg eine angesehene Malerin war, und gelegentlich der Erwähnung der Schweizerin Emilie Linder konnte darauf hingewiesen werden, daß zu Cornelius Zeiten die Münchner Akademie vorübergehend Damen zum Studium zuließ. Um 1890 entstand eine Reihe malerischer Privatschulen, wo Damen oft mehr als fleißig als talentvoll vor der Staffelei standen. Der »Künstlerinnen-Verein« war ins Leben getreten und wirkte nicht nur durch seine berühmten Karnevalsfete, sondern auch durch vorbildlichen Unterricht, den er durch ausgezeichnete Künstler geben ließ. In Dachau fand sich eine ganze Kolonie von Malerinnen zusammen […]. In der Karikatur wurde die Münchner Malerin eine stehende Gestalt, wie sie in Wirklichkeit als unverkennbarer Typ das Viertel um die Akademie, Münchens Quartier latin und Schwabing, bevölkerte.«[60]

Dass die Erscheinung der Malerin um 1870 ein Spezifikum Münchens war, kommt auch im Roman zum Ausdruck als der Frankfurter Eschhofen die Malerin Grete kennenlernt: »Eine Malerin!« sagte er mit einem erstaunten Lächeln, als Grete ihm vorgestellt war: »Das sehe ich zum erstenmal.«[61]

[59] Haushofer-Merk, Emma: Die Lierbachs-Mädeln. Münchner Roman. München 2016, S. 37.

[60] Wolf, Georg, Jacob: Die Münchnerin. Kultur- und Sittenbilder aus dem alten und neuen München. München 1924, S. 220.

[61] Haushofer-Merk, Emma: Die Lierbachs-Mädeln. Münchner Roman. München 2016, S. 36.

Aktualität heute?

Von Bedeutung sind die »Die Lierbachs-Mädeln« auch heute noch: Einmal stellt der Roman ein kulturhistorisches Zeugnis dar für populäre Literatur, die im Ersten Weltkrieg von Frauen veröffentlicht wurde, hier von einer bekannten Münchner Schriftstellerin und Frauenrechtlerin Süddeutschlands. Interessant ist dabei, dass Haushofer-Merk ihren Roman als Trost- und Hoffnungsbild begreift, und gerade mit dem Blick auf das Alte München ein Gegenbild zum Krieg liefern wollte. Damit ist uns ein weiteres Zeugnis vom Alten München überliefert, ein Münchner Kultur- und Sittenbild aus der zweiten Hälfte des 19. Jahrhunderts, eine Darstellung der Gebräuche und Sitten in den Kreisen der Münchner Landschaftsmaler um 1870: der Leser erfährt von damals stattfindenden Ateliersfesten, Theateraufführungen und wöchentlichen Treffen auf der Kegelbahn. Die Autorin schildert, wie damals die Bilder im Atelier entstanden und man hier zuweilen auch gemeinsam an einem Bild malt. Auch kulturhistorisch so wichtige Institutionen wie der Münchner Kunstverein und der Glaspalast kommen zur Sprache. Dies alles aus dem Munde einer Frau, die selbst aus einer alten Münchner Künstler- und Bürgerfamilie stammte und als beste Kennerin des Alten München galt. Doch weil die Autorin auch Frauenrechtlerin war, anerkannt zudem für ihre psychologische Darstellungskunst, kann man davon ausgehen, dass man in dem Roman auch ein Spiegelbild der damaligen Beziehungen zwischen den Geschlechtern und der Rolle der Frau in der zweiten Hälfte des 19. Jahrhunderts erhält. Doch auch davon ganz abgesehen: mitreißend zu lesen und psychologisch spannend ist der Roman auch noch für heutige Leser und Leserinnen.

Anhang:

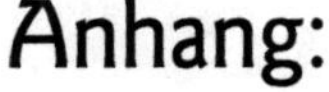

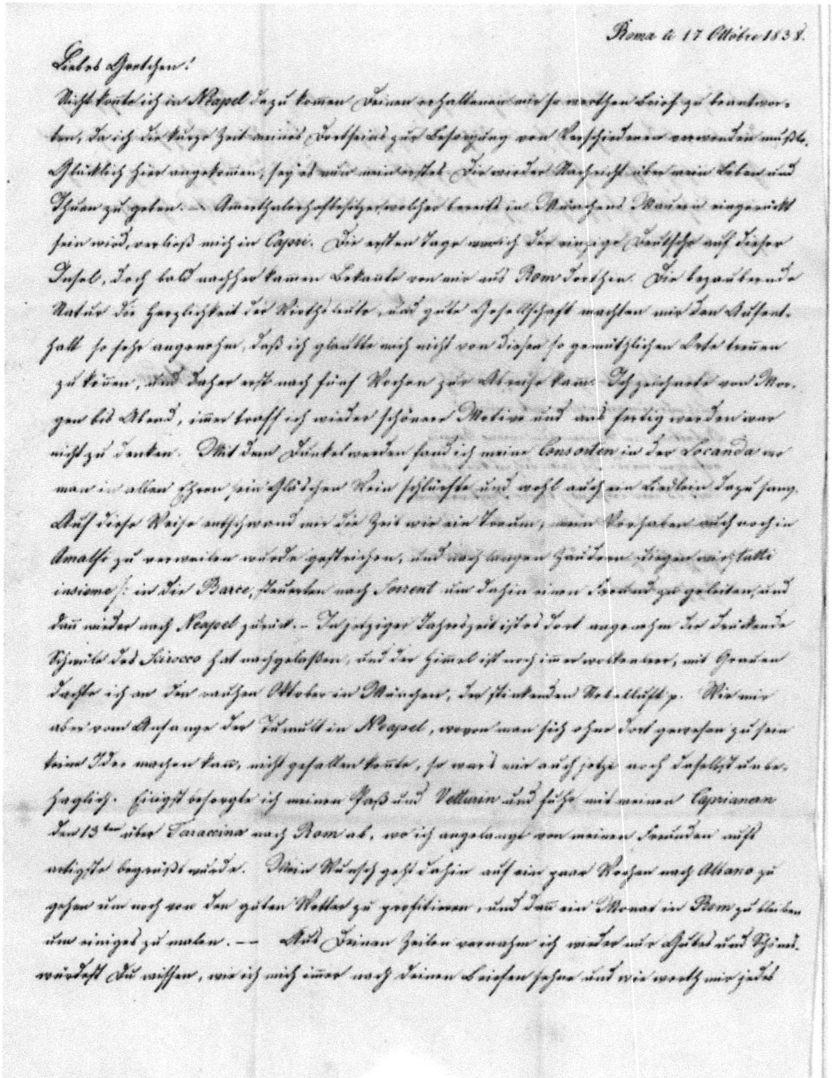
Roma d 17 Ottobre 1838.

Liebes Gretchen!

Nicht konnte ich in Neapel dazu kommen Deinen erhaltenen mir so werthen Brief zu beantworten, da ich die kurze Zeit meines Dortseins zur Besorgung von Verschiedenem verwenden mußte. Glücklich hier angekommen, sey es nun mein erstes Dir wieder Nachricht über mein Leben und Thun zu geben. — [illegible], welcher bereits in München [illegible] eingerückt sein wird, verließ mich in Capri. Die ersten Tage war ich der einzige Deutsche auf dieser Insel, doch bald nachher kamen Bekannte von mir aus Rom dorthin. Die bezaubernde Natur, die Herzlichkeit der Wirthsleute, und gute Gesellschaft machten mir den Aufenthalt so sehr angenehm, daß ich glaubte mich nicht von diesem so gemüthlichen Orte trennen zu können, und daher erst nach fünf Wochen zur Abreise kam. Ich zeichnete von Morgen bis Abend, immer traf ich wieder schönere Motive und an fertig werden war nicht zu denken. Mit dem Dunkelwerden fand ich meine Consorten in der Locanda, wo man in allen Ehren ein Gläschen Wein schlürfte und wohl auch ein Liedlein dazu sang. Auf diese Weise entschwand mir die Zeit wie ein Traum, mein Vorhaben auch noch in Amalfi zu verweilen wurde gestrichen, und nach langem Zaudern stiegen wir tutti insieme f: in die Barca, fuhren nach Sorrent um dahin einen Freund zu geleiten, und dann wieder nach Neapel zurück. — In jetziger Jahreszeit ist es dort angenehm, die drückende Schwüle des Sirocco hat nachgelassen, und der Himmel ist noch immer wolkenleer, mit Grauen dachte ich an den rauhen October in München, den stinkenden Nebelluft p. Wie mir aber vom Anfange der Tumult in Neapel, wovon man sich ohne dort gewesen zu sein keine Idee machen kann, nicht gefallen konnte, so ward mir auch jetzt noch derselbe unbehaglich. Eiligst besorgte ich meinen Paß und Vetturin und fuhr mit meinen Caprianern den 13ten über Terracina nach Rom ab, wo ich angelangt von meinen Freunden aufs [illegible] begrüßt wurde. Mein Wunsch geht dahin auf ein paar Wochen nach Albano zu gehen um noch von dem guten Wetter zu profitiren, und dann ein Monat in Rom zu bleiben um einiges zu malen. —— Aus Deinen Zeilen vernahm ich wieder nur Gutes und Schönes. Würdest Du wissen, wie ich mich immer nach Deinen Briefen sehne und wie wohl mir jedes

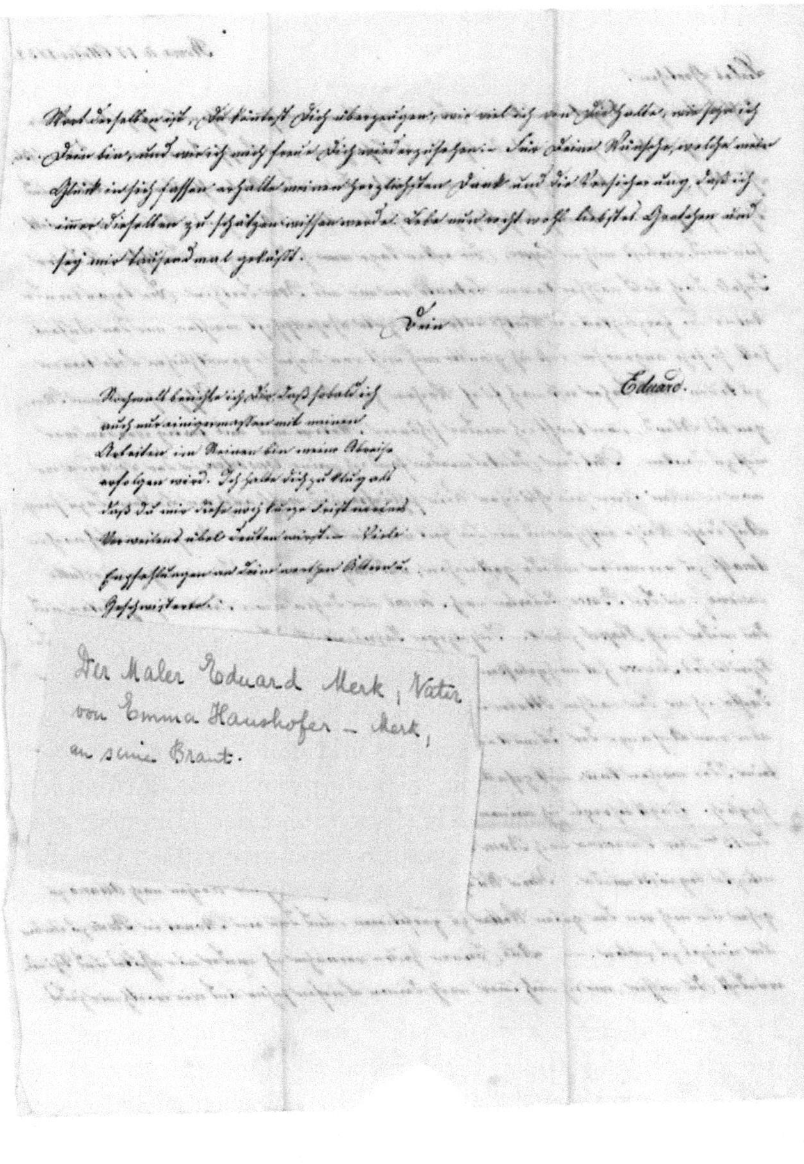
Dein
Eduard
Der Maler Eduard Merk, Vater von Emma Haushofer-Merk, an seine Braut.

Liebes Gretchen!

Nicht konnte ich in Neapel dazu kommen, Deinen erhaltenen und mir so werthen Brief zu beantworten, da ich die kurze Zeit meines Dortseins zur Besorgung von Verschiedenem verwenden mußte. Glücklich hier angekommen, sey es nun mindestes, Dir wieder Nachricht über mein Leben und Thuen zu geben. Ammerthalerhofbesitzer, welcher bereits in Münchens Mauern eingerückt sein wird, verließ mich in Capri. Die ersten Tage war ich der einzige Deutsche auf dieser Insel, doch bald nachher kamen Bekannte von mir aus Rom dorthin. Die bezaubernde Natur, die Herzlichkeit der Wirthsleute und gute Gesellschaft machten mir den Aufenthalt so sehr angenehm, daß ich glaubte mich nicht von diesem so gemüthlichen Orte trennen zu können, dass es daher erst nach fünf Wochen zur Abreise kam. Ich zeichnete von Morgen bis Abend, immer traf ich wieder schönere Motive und ans Fertigwerden war nicht zu denken. Mit dem Dunkelwerden fand ich meine Consorten in der Locanda, wo man in allen Ehren sein Gläschen Wein schlürfte und wohl auch ein Liedlein dazu sang. Auf diese Weise entschwand mir die Zeit wie ein Traum, mein Vorhaben auch noch in Amalfi zu verweilen wurde gestrichen, und nach kurzem Zaudern liegen wir tutti insieme in der Barce, steuerten nach Sorrent um dahin einen Freund zu geleiten und dann wieder nach Neapel zurück. – In jetziger Tageszeit ist es dort angenehm. die drückende Schwüle des Scirocco hat nachgelassen, und der Himmel ist noch immer wolkenlos, mit Grauen dachte ich an den rauhen Oktober in München, der stinkenden Nebelluft. Wie mir aber vom Anfange der Tumult in Neapel, wovon man sich ohne dort gewesen zu sein keine Idee machen kann, nicht gefallen konnte, so war's mir auch jetzt noch daselbst unbehaglich. Eiligst besorgte ich meinen Paß und Vetturin und fuhr mit meinen Caprianern den 13ten über Terracina nach Rom ab, wo ich angelangt von meinen Freunden aufs artigste begrüßt wurde. Mein Wunsch geht dahin auf ein paar Wochen nach Albano zu gehen um noch von dem guten Wetter zu profitieren, und dann ein Monat in Rom zu bleiben und einiges zu malen. – Aus Deinen Zeilen vernahm ich wieder nur Gutes und Schönes, würdest Du wissen, wie ich mich immer nach Deinen Briefen sehne und wie werth mir jedes Wort derselben ist, Du könntest Dich überzeugen, wie viel ich von Dir halte, wie sehr ich Dein bin, und wie ich mich freue Dich wiederzusehen. Für Deine Wünsche, welche mehr Glück in sich fassen erhalte meinen herzlichsten Dank und die Versicherung, daß ich immer dieselben zu schätzen wissen werde. Lebe nun recht wohl liebstes Gretchen und sey mir tausenmal geküßt.

Dein Eduard

Nachmals berichte ich Dir, daß sobald ich
auch nur einigermaßen mit meinen Arbeiten
im Reinen bin, meine Abreise erfolgen wird. Ich halte Dich
zu klug alt, dass Du mir dafür noch kurze Frist eines Ver-
weilens übel deuten wirst. Viele Empfehlungen an Deine werthen
Ältern (Eltern) und Geschwister.

Damals ging der Zug nach Brannenburg ...« – Blick zurück in die Zeit der »Jung-Münchner«

Der nachstehende Beitrag ist unzeitgemäß. Er wurde im Jahr 1909 geschrieben und veröffentlicht, auch jahreszeitlich ist er nicht aktuell, denn er berichtet von Sommertagen im Inntal, in Brannenburg vor der Jahrhundertwende. Damals bereits stimmte die Verfasserin Emma Haushofer-Merk eine Klage an, die uns heute sehr vertraut ist. Die Zeit, in die sie rückblickend führt, liegt noch vor dem großen Münchner Kunstkrach. Dazu kam es im Jahr 1891. Seinerzeit setzte unter den Kunstschaffenden eine Spaltung ein, die bis heute heraufreicht und ihre Paralellen in der Gesellschaft hat.

Aber diese Entwicklung ist nicht Thema dieses Aufsatzes, sondern ein Inntaler Sommer. Und da der Kreis der Leser nicht klein ist, der in diesem Sommer Verlangen hat, darum veröffentlichen wir den Aufsatz als Ausblick auf eine schöne Jahreszeit, die mit jedem Tag näher rückt. Die Verfasserin war zur Zeit der Jahrhundertwende eine populäre Romanschriftstellerin, die insbesondere den Alt-Münchner Roman gepflegt hat. Sie war die Tochter des Malers Merk, der zum Kreis der »Frauenwörther« gezählt hat und heiratete später einen Haushofer.

»Langs, lang ist's her! Von Worpswede und einer Künstlerkolonie wusste man noch nichts. Es gab auch für die Maler noch keine Wallfahrt nach Dachau, dem Mekka der Pleinairisten. Damals ging der Zug nach Brannenburg, in ein stilles weltabgeschiedenes Dorf im Unterinntal mit prachtvollen alten Eichen und Buchen und originellen braunen Bauernhäuschen.

Die junge Generation kennt kaum mehr den Namen, aber für die Alten, die in den 60er-Jahren die ›Jung-Münchener‹ waren, weckte sein Klang wohl zeitlebens sonnig verklärte Erinnerung, – Erinnerung an seligen Sommerrausch, an lachenden Lebensgenuß und beispiellose Billigkeit, an naiven Übermut und unglaubliche Malereintracht –, lauter Dinge, die heute wie die Sage aus einer versunkenen Zeit anmuten.

Ich war ein Kind damals, und Kinder und Künstler haben ja eines gemeinsam: die verklärende Phantasie. So steht auch mir jene erste Sommerfrische in einem poetischen Schimmer vor Augen. Auf der

Anhöhe das Schloß, das einem in der Ferne weilenden fremden Grafen gehörte, wo nur die weißen Pfauen in dem stillen Garten stolzierten und die Nelken köstlich dufteten; das von Grün umwucherte Tor mit halbzerfallenen, übermoosten Götterbildern, die immer noch feierlich wirkten. Dann im Schatten der hohen Maulbeerbäume das Pfarrhaus, in das die barfüßigen Dorfkinder liefen zum Unterricht, wo auch zuweilen, wenn der geistliche Herr nicht Zeit hatte, seine robuste alte Köchin Schule hielt. – Vor allem aber das Gasthaus mit dem Malerstüberl!

Gerade weil das ein Heiligtum war, das nur betreten durfte, wer zur Gilde gehörte, weil wir neugierigen Kinder manchmal heimlich der Kellnerin nachschlichen und hineinspitzten, hatte der Raum etwas so märchenhaft Geheimnisvolles. Die Fenster waren bunt verklebt mit allerlei Karikaturen, an den Wänden hingen wunderliche Zeichnungen, Scheiben, Schilder, Wappen, zwischen Schilfbüscheln, Maiskolben und bunten Stoffen; Überreste von den Festen, für die Schmuck und Zierat aus dem Nichts hervorgezaubert wurde.

In welcher Bewunderung wir Kinder das alles anstaunten, vor allem die seltsamen Embleme, die über den Tisch baumelten: ein Riesenpantoffel (das Wappen der Ehemänner), eine buntbemalte Palette, ein mächtiger Pinsel (war's der von Pixis?) und vor allem ein prachtvoll glänzender Fisch! Man stelle sich das alles vor in der ›phantastischen Beleuchtung‹ der Kerzenlichter, die man noch von Zeit zu Zeit schnäuzen musste und die in plumpen, hölzernen Leuchten standen, an denen sich unten ein Becher befand für die zum Anzünden der Pfeifen gebrauchten Fidibusse.

Feste wurden viele gefeiert. Oben in dem mächtigen, weiten Flur und in der riesigen Hochzeitsstube, in der es so hübsch nach den Tannengirlanden roch, mit denen man Flecke und Risse an der getünchten Wand und die schmierigen Türen verkleidete.

Da gab es einmal eine Zirkusaufführung mit einem sehr einfach konstruierten Pferd: ein Tischchen mit einem gefransten Teppich behangen, der zugleich als Mähne diente, und rückwärts ein Besen als Schweif. Auf diesem Schulpferd tanzte Horstmann, der spätere amerikanische Konsul in München, seinen Niggertanz, produzierte sich Klemens Piloty, der Bruder des berühmten Malers als Jongleur, während die beiden Clowns Schraudolph und Eberle sich an akrobatischen Künsten überboten und mehr auf dem Kopf als auf den Füßen standen. Es fand sich auch leicht ein Anlaß zu einer festlichen Theatervorstellung. Max Stieler, der Stiefbruder des späterhin berühmten Dichters Karl Stieler, er war Maler, Poet und Bummler -, hatte besonderes Talent zu sinnreichen Gelegenheitsstükken. Einmal traten drei Feen auf: Monachia, Brannenburgia und Frauenwörthia. Wie war sie schön die Vertreterin der Heimatstadt, die eine Mauerkrone mit den beiden Frauentürmen auf dem Haupte trug. Die Gewandung der Göttinnen bestand freilich nur aus Leintüchern und Shawls und ihr Schmuck war aus dem Wald, vom Weiher geholt – Efeu und wilde Hopfenranken und Schilf und Seerosen-, aber es müssen auch Bilder gewesen sein, die auch die Erwachsenen entzückten, denn die Dekorateure und Regisseure waren Maler wie Schraudolph, Eberle, Lossow, Pixis, Beyschlag, Gabriel Max!

Fast allabendlich rückten ein paar herumziehende Musikanten an, die zum Tanz aufspielten. Die Walzer und Ländler wiegten mich in den Schlaf auf irgendeiner Bank, auf die man mir ein Kissen hinlegte, da es meist spät wurde und wir noch durch das dunkle Dorf in unsere Wohnung hineintappen mußten. Es war oft ein nasser Weg; halbverträumt sah ich das kleine Licht der Laterne, das auf die Steine und Pfützen fiel, hörte ich das Bachrauschen und erschrak, wenn einer von den gelb und schwarz gefleckten Salamandern neben uns herkroch.

Man könnte glauben, die Herrn Maler hätten bei all dem Allotria nicht viel gearbeitet! Aber das traf nicht für alle zu. Sie verteilten sich alle in drei Klassen: da waren die ›Wilden‹, die sich von der Gesellschaft und den Damen ganz fern hielten und nur ›schufteten‹; dann die ›Halbwilden‹, die untertags fleißig waren, aber abends, wenn es eine Kurzweil gab, gerne mitttaten, und endlich die ganz ›Zahmen‹, die keiner Verlockung widerstehen konnten. Versuchungen zum Nichtstun gab es ja so viele!«

Emma Haushofer-Merk

Ein Gemälde ist im Artikel abgebildet, das Brannenburg zeigt. Darunter der Text:

»BRANNENBURG, eine aquarellierte Zeichnung von Georg von Dillis. Das Bild ist vermutlich 1876 entstanden, führt also in eine Zeit, die fast hundert Jahre vor jener liegt, über die Emma Haushofer-Merk nebenstehend berichtet. Das Blatt, heute im Besitz der Bayerischen Staatsgemäldesammlungen, fügt sich indes thematisch in den Rahmen, denn Georg Dillis hat das bayerische Voralpenland als malerisches Motiv entdeckt. So schuf er das erste Bild vom Chiemsee. Auch seine Inntaler Bilder dürften dazu beigetragen haben, dass Münchner Maler insbesondere auf Brannenburg aufmerksam geworden sind, das um die Mitte des vorigen Jahrhunderts zu einer der ersten Malerkolonien in Bayern wurde.‹ (Siehe auch unseren Bericht »Ein Dillis aus Grüngiebing« in der letzten Freitagsausgabe: Repro: Rammel)

Quelle: Rosenheimer Volksblatt 21./22.1.1978